品嘗好書　冠群可期

餐桌禮儀入門

風間璋子/著
吳秋嬌 /譯

家庭/生活
91

目錄

前言

◎餐桌禮儀的基本知識

PART1 西餐禮儀

◎用餐前

◎使用魚、肉料理和沙拉的禮儀

◎使用甜點、咖啡、紅茶的禮儀

PART 2 日本料理的禮儀

◎用餐時

PART3 中國料理的禮儀

◎用餐時

PART 4 派對的禮儀

◎出席派對前

◎參加派對時的基本禮儀

◎專欄

前 言

◎餐桌禮儀的基本知識

何謂餐桌禮儀？

在號稱美食時代的今日，上高級餐廳或料理店享受料理的機會很多。但在這些食客當中，究竟有多少人是眞正瞭解餐桌禮儀呢？

被日常雜務給壓得喘不過氣來的現代人，一說到餐桌禮儀，多半相當隨性，依個人習慣而自成一派。不過，當應邀作客時，內心難免會感到不安、懊悔：「假如當初在禮儀方面多花點工夫研究、研究就好了。」一直到此刻方才發覺餐桌禮儀的重要性。

參加朋友的喜宴、相親或男女雙方家長首次見面的餐會，或者公司行號的招待會、開幕酒會、新年會等的機會很多，這時心情或多或少會有點緊張，但仍必須表現出正確的用餐禮儀。

你會邀請某人上高級餐廳吃飯，就表示你非常重視對方，爲免給對方留下不良印象，表現出高雅的用餐禮儀尤其重要。相信很多人都有類似的痛苦經驗，因爲心情太過緊張的緣故，往往一頓飯吃下來卻食不知味，甚至還有精疲力竭的感覺。

如果具有正確的餐桌禮儀知識的話，就不用擔心這些了。只要依循禮儀使用刀叉，以

愉快的心情和同伴共享美食即可。

事實上，餐桌禮儀並不繁複。它是一種合理化的規則，以使你在不致對他人造成困擾的情況下，用最恰當的方式進食，同時又能享受到美味的食物。

在餐桌禮儀當中，也包括不可在餐廳裡大步行走、用餐時不可高聲談話、不可吸菸等基本生活規範。

任何人一旦養成正確禮儀，不論走到那裡都能很有自信地抬頭挺胸。因此，只要學會這些禮儀，終生皆可受用無窮。

◎餐桌禮儀的基本知識

從餐廳預約開始

必須注意正確餐桌禮儀的場合很多，其中最常見的就是在餐廳舉辦聚餐。在餐廳用餐時，最重要的是：①選擇聚餐的餐廳、②提早預約。

要在幾家餐廳中挑選出最適合當天所舉行的聚餐或酒會，有時是非常困難的。除了菜式之外，餐廳的格調、顧客層次、氣氛及價格等方面也必須列入考慮。一旦選錯了餐廳，不僅大家無法安心用餐，反而還破壞了聚餐的美意。

因此，在挑選餐廳時，絕對不能抱持妥協的心態，必須參酌當天出席者的喜好及聚餐的目的，選出最適合的餐廳。

選定餐廳以後，接下來就是進行預約。預約可以透過電話，將日期、時間及人數、東道主的姓名告知餐廳人員即可。如果想要預訂某些特殊料理，也要在這時一併告知。如果需要餐廳方面針對聚廳或酒會的目的加以配合，則應事先和有關人員商量。

不曾預約的話，很可能因爲餐廳已經客滿而必須在外面等候。

此外，即使你理想中的靠窗位子明明空著，也會因爲已被他人預約而只能望座興嘆，

這時就算侍者把你帶到距離出入口很近，根本無法靜下來用餐的位置，你也不能抱怨。但事實上，只要一通電話，就可以事先訂下你所喜歡的靠窗、幽靜的位子，餐廳方面甚至還可以按照你的希望將座位特別佈置一番呢！

餐廳通常會配合預約的時間預作準備，因此守時是最基本的禮貌。不得已遲到時，時間最好不要超過十五分鐘，否則可能會被取消訂位。

發現可能遲到時，應事先用電話和餐廳方面連絡，否則可能會拒於門外，必須特別注意。另外，當出席人數有變時，也要儘早通知對方。

◎餐桌禮儀的基本知識

適合TPO的打扮

所謂TPO，是Time（時間）、Place（場所）、Occasion（場合）的簡稱，亦即必須配合「時間、地點、場合」行動。同理，餐桌禮儀也必須配合TPO來進行。

例如在同一家餐廳用餐，如果是爲了相親，則必須格外注重禮儀，但如果是和朋友一起用餐，則不必太過於拘泥小節。另外，和相同的對象用餐時，邀請對方到家中吃飯和到餐廳吃飯是不一樣的，這些因素都必須在一開始時就列入考慮。

其次是有關服裝的問題。和用餐一樣，穿著打扮也必須配合TPO三要素。

特別需要注意的，是到格調高雅的餐廳或料理店，拜訪輩分、職位較高的人的時候。前往高級餐廳消費時，如果穿著打扮和店裡的格調格格不入，服務人員可能不會幫你安排較好的位子。

女性最好穿著高雅的洋裝或套裝，總之穿著打扮要比平常更正式、端莊。至於男性，最好穿著深色西裝或運動西裝。千萬不要使用過濃的香水，以免破壞料理本身的香味。尤其是最接近料理的手腕附近，最好不要塗抹香水。

男性可穿著
深色西裝或
運動式西裝
不容易亂
的髮型
香水不可以
噴得太濃
穿著比平常
高級的服裝

◎餐桌禮儀的基本知識

接受他人的招待

接下來要介紹的，是接受他人邀請時應該注意的一些事項。如果連這些基本事項都無法遵守，勢將無法獲得他人的尊重。

◇**儘早給予答覆**

面對他人的吃飯邀請，愈早給予答覆愈好。以酒會等場合爲例，如果人數無法決定，便無法準備料理。

◇**別忘了寫謝卡**

答覆之際，別忘了向主人表達感謝之意：「承蒙你的邀請，我眞的非常感謝。」

應邀至他人家中用餐後，別忘了用電話或明信片向對方表達感謝之意。可以用簡單的話語來表達謝意，例如：「日前承蒙你的盛情招待，讓我度過一段快樂的時光，內心不勝感激。」重點是表達感激的時機不可太遲。一般最好是在隔天，最慢則不應超過三天。

◇**不可遲到**

不可遲到是最基本的要求。

不過，如果是應邀到他人家中作客，則不宜太早到達。萬一到得太早，不妨先到主人家的附近逛逛，等到約定的時間到了再進去。

◇作客前的飲食

很多人會在享用美食之前的一餐刻意少吃或不吃，好讓肚子空下來，屆時再好好大吃一頓。

接受他人邀宴時更要如此。如果之前吃得太飽，以致作客時反而吃不下，那豈不是辜負了主人辛苦準備菜餚的一番心意嗎？更何況，讓肚子空下來並不是要你狼吞虎嚥，而是希望你至少能將面前的料理吃完。

現代女性流行節食，不過在作客這天不妨暫時拋開一切，放鬆心情好好享受美食。

◎餐桌禮儀的基本知識

以下的表現十分不雅

◇補妝要到化妝室去

女性在用餐過後進行補妝是無可厚非的，但在餐桌上當著衆人面前補妝，卻是非常失禮的行爲。在外國，人們認爲只有從事特殊行業的女性，才會做出這種行爲。因此，千萬不要因爲嫌麻煩就堂而皇之地在大庭廣衆之下補起妝來。眞要補妝的話，就到化妝室去。

離開化妝室之前，別忘了檢查一下是否遺漏了什麼東西。此外，如果有頭髮掉在洗手檯上，一定要將其淸理乾淨。

◇事情必須在用餐之前安排妥當

吃飯吃到一半突然向同桌的人表示：「對不起，我去打個電話。」然後便起身離席，是最嚴重的失禮行爲。特別是當只有二人用餐時，這麼做將會掃了對方的興。爲了避免上述情形，最好比約定的時間提早到達，利用這空檔打電話、上廁所，將要辦的事情處理好。

這時，最好養成對外表做最後檢查的習慣。男性也不例外，在用餐之前要先確認領帶是否歪了、肩膀上是否有頭皮屑等等。

◇留長髮者特別需要注意

很多女性都以擁有一頭飄逸的長髮感到自豪，殊不知用餐時用手壓住頭髮或攏髮等動作，會給人一種不潔感，令同桌的感到不舒服。一旦頭髮垂入盤中，更會使得同桌的人胃口盡失。因此，留長髮的人在出門之前，必須留意髮型是否齊整。

◇不可大聲喧譁

和自己喜歡的人在餐廳優雅的氣氛中一邊享受美食，一邊愉快地交談，可謂人生一大樂事，但是音量切記不可太高。在公共場合高聲喧譁、談笑，是非常失禮的行爲。換言之，交談時保持適當音量，是最基本的禮貌。而所謂的適當音量，以鄰桌聽不到的程度爲基準。

◎餐桌禮儀的基本知識

這種用餐方式極為不雅

有人說，從一個人的用餐行爲，就足以看出此人的人格及其生活上的一些小細節。當然，各位不必刻意地表現出最好的一面，只要平常謹愼些以免造成他人的不快就可以了。

◇用餐時不可發出聲音

以狼呑虎嚥的方式享用精心調製的美食，不僅會讓負烹調的人內心滴血，還會使同桌用餐的人感到不快。在用餐時發出聲音，是不合禮儀的。至於打嗝，更是荒謬的行爲。

另外，一邊說話一邊揮舞刀叉，或因過於熱中談話而不自覺地用筷子指指點點等行爲，也必須避免。

◇用餐的速度賓主必須互相配合

用餐的速度往往因人而異，因此對速度特別快或特別慢的人需要多加留意。尤其是享用套餐時，侍者會視同桌之人的用餐情形上菜，如果因爲其中一人攪亂了用餐進度，將會給其它大多數人造成不便。原則上，在有主客之分的情況下，用餐速度應該賓主互相配合。

◇大塊食物不可放入口中

最基本的禮儀是不能夠發出聲音，
不能夠大口吞食

享用牛排等肉類時，切勿將大塊的肉塞入口中，而應將料理切成適合一口的大小，再送入口中細細咀嚼。

◇留意殘留在杯子邊緣的口紅

很多女性用過的杯子，都會殘留著口紅印，殊不知這是非常難看的。

爲了避免在杯子上殘留口紅印，最好先用餐巾擦一下嘴唇，然後再使用杯子。

◇用過甜點之後才可抽菸

用餐途中不可抽菸乃是一般常識。那是因爲，用餐時抽菸不只會對他人造成困擾，同時也會掩蓋食物的美味。如果實在忍不住的話，至少也要等用過甜點以後才開始抽菸。

這時如有同桌的人問你介不介意他抽菸，別忘了要一口回絕。

◎餐桌禮儀的基本知識

在愉快閒談中享用美食

即使是在最高級的餐廳用餐，如果談話內容太過緊張或只是默默地享用料理，將會使用餐的樂趣減半。一邊愉快地交談一邊享受美食，可使用餐時間更加充實，這也正是聚餐的最大樂趣之一。換言之，對用餐而言，「愉快地閒談」是非常重要的部分。

不過，雖是閒聊，在禮儀方面還是有幾個必須注意的事項。

◇音量以不妨礙鄰桌的安寧爲原則

交談時音量不可太高，以免影響鄰桌的安寧，是最基本的禮貌。大聲喧譁、尖銳的笑聲及誇張的動作，都足人破壞餐廳的氣氛。

◇用餐時應選擇適宜的話題

關於用餐時的話題，並非百無禁忌。用餐時，應避免提及污穢或疾病、受傷等令人覺得不舒服的話題。經常炫耀自己的豐功偉績或批評他人，以他人的身體特徵作爲話題的人，其人格必有可議之處。一般人都知道，在餐桌上最好不要談論政治、宗教等話題。因爲，每個人的主張、看法不同，萬一引起激辯，那就不美了。不過，近來這種情況似乎已經

不能一概而論。

而興趣、運動、旅行等由於內容比較開朗輕鬆，倒是不妨用來作爲話題。總之，用餐時應盡量選擇具有積極性、共通性的話題，且以保持愉快的用餐氣氛爲基本。

◇口中有食物時不說話

嘴巴裡面有東西時不要說話，乃是一般常識。

萬一有人在你吃東西時和你說話，可以先輕輕頷首示意，等到把食物吞下去後再開口回答。另外，大可不必爲了回答對方而喝水把食物吞下，只要用目光示意就可以了。

反之，當你打算找同桌的人說話時，也要先看看對方是否正在吃東西，以免對其造成困擾。

專欄

簡單的禮物和問候

在日本，接受他人的邀約招待的當天，會帶著小禮致以謝意；或者在日後帶著禮物拜訪對方，以表示謝意，而在外國的情況又如何呢？

如果接受家庭聚會的招待，外國人一般會以花束或巧克力等糕餅類，不會使主人覺得不好意思的簡單禮物來表示謝意。不過，在英國送花時，不可以使用白色百合；在意大利不可以使用菊花，在西班牙不可以使用大理花，因爲這都是在喪禮時所使用的花。在德國、波蘭、瑞士，紅色的玫瑰花是代表愛情，所以也要避免使用玫瑰花。

和初次見面的人握手，也有不同的民情。美國人會緊握對方的手，上下振動；互相擁抱拍肩則表示深厚的感情。歐洲各國的握手方式則比較柔和。葡萄牙、比利時對於初次見面的人，都是採用擁抱的方式。

PART 1

西餐禮儀

◎用餐前

從進入餐廳到入座為止

你是在進入餐廳之前就把上衣外套脫下，或是進入餐廳以後才脫下的呢？關於這點，事實上並沒有明確的規定。一般而言，如果餐廳的入口處並不寬敞，不妨在進入餐廳之前便將外套脫下；如果入口處十分寬敞，則可以穿著外套走進餐廳。通常，餐廳內的服務人員會幫助客人除去外套。

脫下來的外套，可交由餐廳人員保管。有些餐廳甚至還設有衣帽間，客人只需攜帶隨身要用的小皮包即可。

進入餐廳以後，服務人員會引導你到你的座位上。這時，即使看到自己喜歡的位置，也不能擅自入座，但可以將你的意思轉告服務人員。

餐廳內原則上是女士優先，因此跟在服務人員身後的先是女士，再來才是男士。對此原則不太習慣或有所遲疑的女性，這時只要跟著服務人員即可。走在餐廳內時，要盡量放輕腳步，以免對正在用餐的客人造成困擾。再者，在店內東張西望是非常不雅的行爲。

入座時，服務人員通常會幫客人拉開椅子。但如果是男女成對入座，則男性可以幫女

士拉開座椅。

一般應由椅子的左側入座，離席時也是從椅子的左側出來。自己拉開椅子時，多半是使用右手，故由左側入座較爲自然。另外，如果所有的人都是由左側入座，便不會發生碰撞的情形了。

慢慢坐下後，身體與桌子之間必須保持一個半拳頭左右的距離。

重視格調的聚餐，席次的安排十分重要。必須考慮到與會者的社會地位、年齡等問題。一般而言，上位是在離出入口最遠，能看清全場的安靜位置，通常是保留給主賓坐的。

有關男女席位的安排，最好參差著坐，不要有同性毗鄰而坐的情形。

◎用餐前

入座後/放置皮包的位置

坐在椅子上時要將背伸直，千萬不可彎腰駝背、斜坐或雙腳交叉，這些都是有欠高雅的行爲。上述行爲不僅有礙觀瞻，而且雙腳交叉還會影響消化，因此坐時最好雙膝併攏。

入座後應避免不時擺動雙手，最好將手輕置於膝上，或是將手腕部分置於桌上，只有在用餐時才可以將手肘移到桌上。

窺伺鄰桌的菜餚或東張西望，都是不合禮儀的行爲。

很多人都會爲入座後皮包應該放在哪裡感到困擾。事實上，可以根據皮包大小考慮以下四個放置場所。

首先就是你的背後，亦即腰部和椅背之間。如果拿的是有背帶的小皮包，可將其掛在椅背上。如果是大皮包，可將其置於雙腳前，但需注意不可妨礙服務人員的行動。如果旁邊的椅子空著，則可以將皮包放在椅子上。當然，你也可以利用皮包吊環。

在此要提醒各位的是，皮包和料理同桌是餐桌禮儀的一大禁忌，因此，絕對不可將皮包放在桌上。

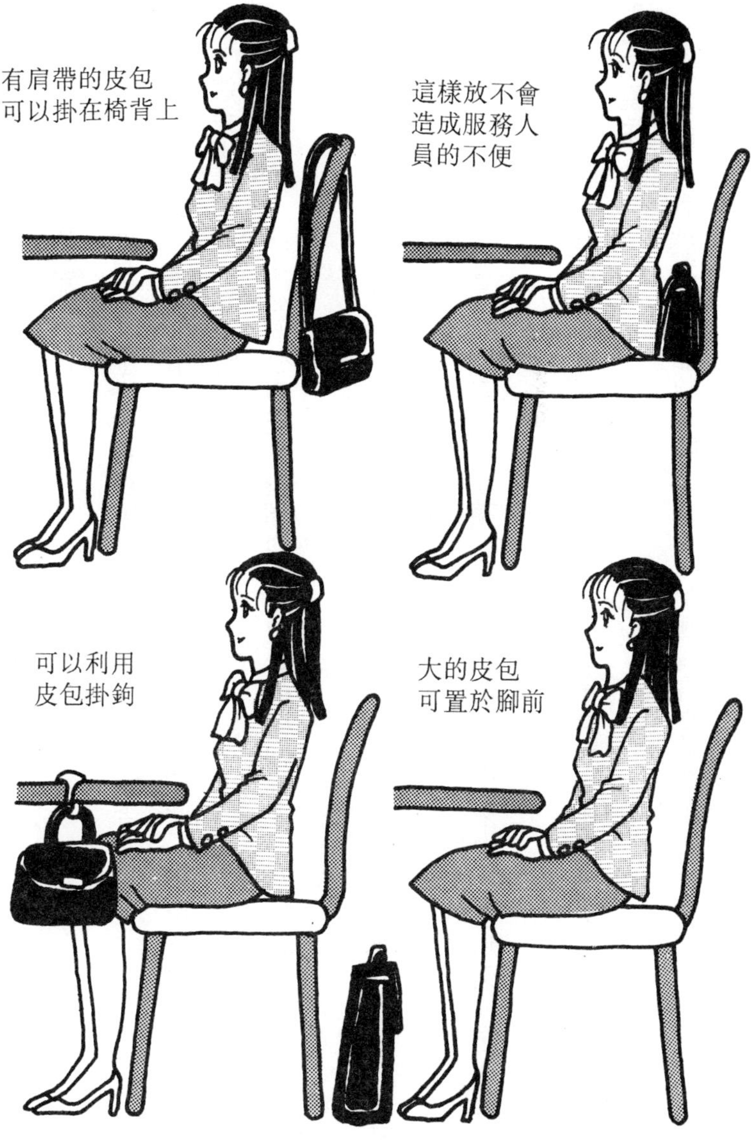
有肩帶的皮包
可以掛在椅背上
這樣放不會
造成服務人
員的不便
可以利用
皮包掛鉤
大的皮包
可置於腳前

◎用餐前

點菜時/套餐和點菜

點菜時必須注意的是，送上來的料理數目必須和用餐人數配合。例如，一個人點了套餐，其它的人卻點了二、三道菜，如此一來用餐速度便無法配合。爲了避免這種情形，點菜時一定要特別注意。不喜歡吃肉的人，不必勉強自己點肉類料理，但基本原則是，點菜的數量必須與用餐人數配合。

另外，同時點二道同種類料理，例如，二道湯或二道魚類料理等，並不符合用餐禮儀。因爲這會導致其它人爲了等你而無法享用下一道菜。

最好一開始就決定好是要點套餐或點菜，以及要點幾道菜。不過，要點菜或吃套餐又是由誰來決定的呢？

假若當天有主客在座，最好是由主客和主人根據菜單商討過後再做決定。

◇套餐或點菜

究竟是要點套餐或選擇單品料理呢？很多人都會覺得很難決定。

究竟要選哪一種較好呢？這必須根據當天的身體狀況、預算及套餐內容等因素來決定。當然，套餐是最簡單的選擇。

套餐的內容包括前菜、湯、主菜（魚和肉）、沙拉、甜點、咖啡等，服務人員會依序上菜。通常，餐廳會利用應時產物烹製每日特餐，有些餐廳甚至會準備多種主菜，讓顧客自由選擇。

另外還有專為美食家準備的套餐，這是一種配合各種美味和季節性素材製成的樣式繁多的餐點。雖然樣式繁多，但是每一種的分量都比單品料理來得少，因此，整體而言分量不會太多。至於費用方面，也已事先調整過，故可以安心享用。

不喜歡內容固定的套餐料理的人，可依個人喜好點幾道菜。邊看菜單邊想像美味的佳餚自行組合，也是一種樂趣。必須注意的是，點菜常常會讓你超出預算。

點菜時，基本上是根據各種類的套餐選擇一道，當然你也可以有其它選擇。在不考慮種類的情況下，選擇自己喜歡的二、三道菜，一樣可以享受到各式山珍海味。

◎用餐前

選擇單品料理的重點

選擇單品料理時，要依照套餐的順序來點菜。

一般的順序是前菜、湯、主菜，在魚、肉中任選一項。接著就是甜點與咖啡。當然，你也可以省去前菜而只點湯，按照當天的飢餓感、用餐同伴、預算，以及個人喜好來點菜。

不過，最好不要調換點菜的順序。例如：不要在肉料理之後，又點了需費時烹飪的魚料理。因爲魚料理烹飪費時，可能會使廚房裡的人手忙腳亂，而且在味覺上也不適合。因此，在點菜時，最好是按照套餐的順序來點菜。

此外，點菜時，最好是耐心地傾聽服務人員所推荐的料理。服務人員會介紹當季特別美味的魚或特別引進的肉類等，這些都是除了店裡的人員以外，沒有人會知道的情報。

不過，如果參閱了菜單還是有不了解的地方時，可以詢問服務人員。這也是單點料理的樂趣。

這時不需要有任何顧慮，只要有不明白之處，都可以請教服務人員。

一般的單品料理會比套餐料理的量較多，所以要注意到這一點，而不要點太多的菜。

作全盤的考慮之後，要以主菜爲重，前菜的分量就必須要輕一些。素材、佐理與調理的方法最好口味不要太重，否則會無法品嚐各種口味。

點套餐時，當然會附有甜點。點單品料理時，可以在用完餐以後再點甜點，看看自己是否還吃得下，再決定是否要點甜點。

◎用餐前

套餐的料理和菜單表

結婚喜宴等正式的套餐料理，其上菜順序如下：

・餐前食點心（小菜、簡單菜）
・前菜（冷盤或主菜前的小吃）
・湯
・麵包和奶油
・魚料理
・肉料理（間菜）
・雪泥
・肉料理（燒肉）
・沙拉
・起司
・甜點（主菜和水果之間的甜食）
・水果（餐後水果）
・咖啡
・小甜點（小糕點）

有二道肉料理，而後面的那一道燒肉是主菜。燒肉是法語，英語則是燒烤。總之，是一道烤或燒的肉料理。此外，在法文中，甜點有「入口」之意。

實際上，套餐的量比這些來得少。一般而言，是前菜、湯、麵包、奶油、魚料理、肉料理、沙拉、甜點、咖啡等。這就是全套的套餐。

套餐的流程

前　菜
↓
湯
↓
魚料理
↓
肉料理
↓
雪莉（冰果霜等）
↓
肉料理
↓
沙　拉
↓
甜　點
↓
水　果
↓
咖　啡

菜單的例子

新鮮的鵝肝醬附魚子醬

加入魚翅的肉湯

天主教風味的焗烤伊勢蝦

網烤牛脊肉排添加法國松露醬

特選的香檳雪泥

藍莓醬的烤鴨

綜合沙拉

冰淇淋

香　瓜

咖　啡

◎用餐前

全套套餐餐具的擺設

當你被帶到餐桌前時，桌上已經擺好了刀、叉、玻璃杯、餐具等。西洋料理的餐桌擺設是一定的，不論是在哪一家餐廳，其擺設都是固定的。

擺在中央的稱爲擺飾盤，一般所點的料理都可以裝在盤子裡。有時候會視料理的不同，而不採用這種排法。餐巾一般是置於裝飾盤的上面或左側。

盤子旁會擺設刀、叉、湯匙等。可依用餐的順序，前菜、湯、魚料理、肉料理，視你所需而由外側至內側使用刀、叉或湯匙。因此，只要從外側開始使用就不會有問題了。

右上角會擺著玻璃杯類的餐具，最大的是裝水用的高腳杯，次大的是紅葡萄酒所用的，而細長的玻璃杯則是白葡萄酒所使用的，視情況也會擺上香檳或雪莉酒用的玻璃杯。

左手邊則擺著麵包盤和奶油刀，在裝飾盤的對面則放著咖啡或吃點心時所使用的小湯匙和刀叉。

點菜以後，服務員可能會把不需要用到的餐具或刀叉收走。有些餐廳則是會在你點了料理以後，才擺上刀叉。

〈套餐餐桌上的配置例〉
①舀湯的湯匙 ②前菜用的刀 ③魚用的刀 ④肉用的刀 ⑤裝飾盤 ⑥餐巾 ⑦肉用的叉 ⑧魚用的叉 ⑨前菜用的叉 ⑩雪莉杯 ⑪紅葡萄酒杯 ⑫白葡萄酒杯 ⑬香檳杯 ⑭水用杯 ⑮咖啡湯匙 ⑯甜點用叉 ⑰甜點用刀 ⑱甜點用湯匙 ⑲菜單表 ⑳麵包盤 ㉑奶油刀 ㉒奶油盒

〈早餐用餐桌的配置例〉 ①咖啡杯 ②湯匙 ③刀 ④裝飾盤 ⑤盤子 ⑥叉子 ⑦餐巾 ⑧果汁用杯 ⑨水用杯 ⑩奶油盤、奶油刀

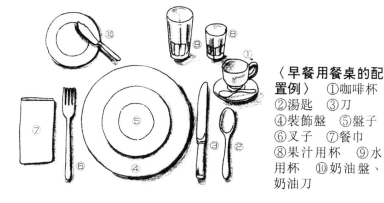

◎用餐前

使用刀叉的正確方法

刀叉的使用順序是「從外側開始」，只要牢記這一點即可。吃日本料理時，當然能夠使用筷子，不過還是希望你能夠優雅地使用刀叉。

刀叉並不難以使用，只要習慣以後，就會覺得很簡單。使用時，並不需要使用肩部的力量，要放輕鬆。

拿刀叉的手是固定的，右手拿刀，左手拿叉。

切肉時，拿刀叉的手的食指，壓著刀叉的背柄來使用。如此才能使力，運用自如。

刀柄要握在手掌中，這種拿法較恰當。拿叉子時，要握住柄部的三分之二位置，較能夠使力。

叉子不是用來壓食物和叉東西而已，也可以用來舀食豆子或米飯。

這時候，叉子的凹陷部分要向上使用，就好像握著鉛筆一樣，拇指和食指握住叉柄，並用中指加以支撐。

如果用左手拿著叉子舀食料理覺得不方便，也可以用右手來使用叉子。不需要使用刀不論是刀或叉，都要用食指壓住其背部。

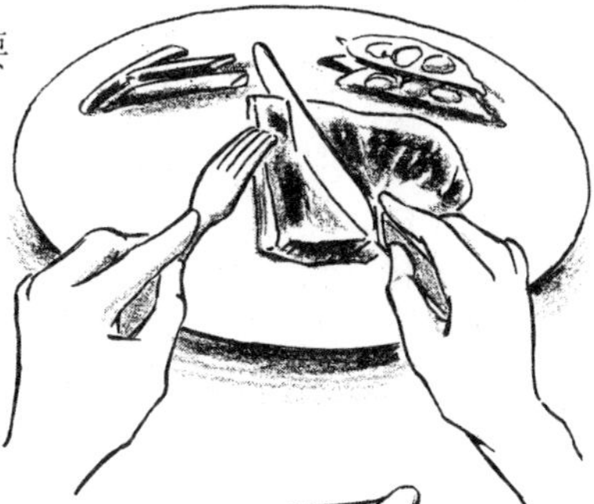

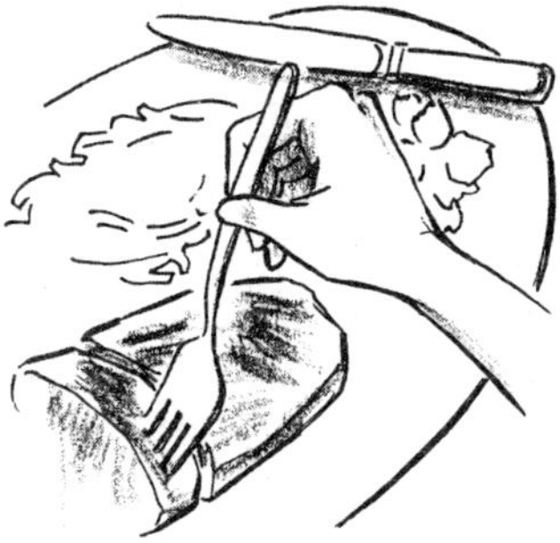

用右手拿叉子時，要放下刀子，而且刀刃要朝內側放在盤子的右上方。

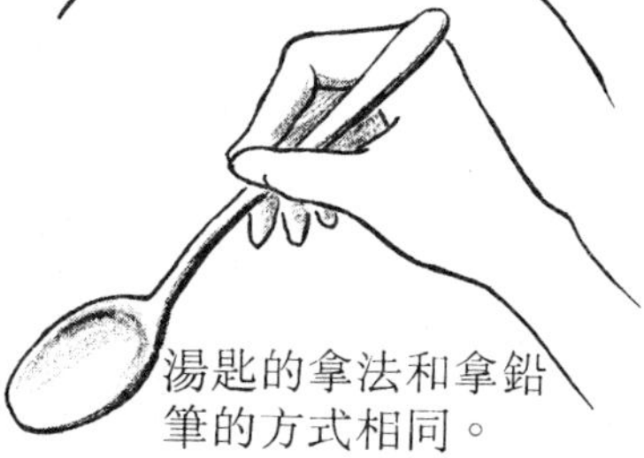

湯匙的拿法和拿鉛筆的方式相同。

子的柔軟料理，也可以用右手拿著叉子來用餐。這時候，不使用的刀子就放在盤子的右上方，刀刃向內斜放。

對於澆上佐料的魚，也可以使用能夠用來壓碎的湯匙，也就是佐料湯匙。這種湯匙具有像刀子一般的作用，可以切魚。在舀食佐料湯汁的時候，也能夠派得上用場。

使用湯匙的時候，就好像拿叉子一樣，以右手握鉛筆的方式輕輕握住。

如果不小心把刀叉弄掉在地上，不需要俯身去撿，只要告訴服務生，請他拿來新的刀叉即可。

◎用餐前

用刀叉傳達訊息

刀叉的功能不只是切料理送到口中而已，由其擺置方式可以傳達出「用餐中」或「用餐結束」的訊息。服務人員一看到「用餐結束」的訊息，就會來收拾餐具，所以要確實記住。

享用料理時，因爲使用餐巾或飲酒，或者因爲有事而離座的時候，必須要把刀叉擺成八字型放在餐盤上。

如果把刀叉放在餐盤邊，會很容易滑落，要把刀叉放在餐盤中較適當。這時候，叉子的凹陷部分要向下，而刀刃則要向內側擺放。

美國式的擺放方式是把叉子擺在靠近自己的這一邊，叉柄橫向右方。刀刃向內側，斜放在盤子的右上方。

表示用餐終了時，叉子的凹陷部分向上，刀刃向內側，二者平行放在盤上。日本式的放置方式是二者平行，朝右下方斜放在盤子的中央。法國式的方式是平行橫放在盤子的中央。英國式的方式是以縱行的方式，並排置於盤子的中央。美國式則是二者的柄斜向右下方。

你可以用叉子舀一點
食物，不過要小心
食物會滑落。

用餐時是叉子向下，
刀刃向內。

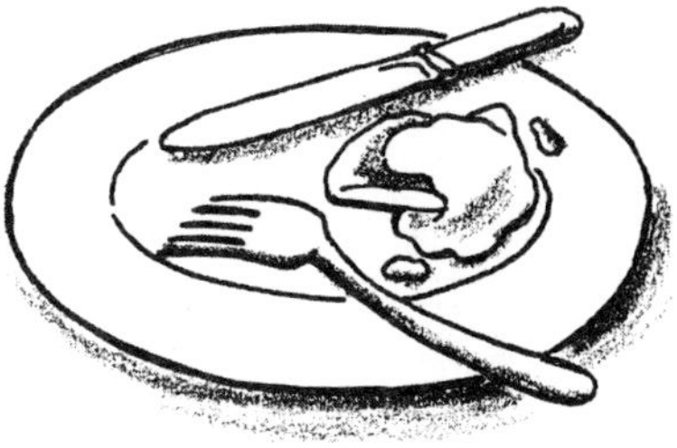

美式用餐爲叉子向下
置於身前的盤子上，
而刀子放在對側。

用餐終了的表示
是叉子向上，刀
刃還是向內。

英國式用餐終了的表示
爲刀叉並行縱放。

◎用餐前

打開餐巾的時機與使用方式

雖說在上桌以後，就可以打開餐巾置於膝上，然而打開餐巾的時機是很難拿捏的。如果有主客在的時候，必須等主客先動手，才能夠打開餐巾。這是一種禮貌。如果沒有主客，則是在點菜過後或送上餐前酒之後，才打開餐巾。

如果是大條的餐巾，這時候必須要把它摺成一半，然後放在膝上。摺半的內側可以用來擦嘴，不要彎著腰拱著背，以嘴就餐巾來擦拭。

擦拭時，不要用力搓摩，最好是用輕壓的方式較好。

餐巾不是萬能的，而只限於嘴部與手指的擦拭，不能用來擦桌子、臉部或印在玻璃杯上的口紅。如果臉上有汗或菜汁，必須要用自己的手帕來擦拭。像玻璃杯緣上的口紅，則用衛生紙擦拭。這才是正式的社交禮儀。

但是如果在用餐中，不停地把手帕和紙巾拿進拿出，看起來很忙碌，而且會誤碰別人的餐具。因此，如果是非常重要的場合，不妨使用餐巾。

通常，餐廳會使用用熨斗燙過的清潔餐巾布，不過你也不需要因為弄髒了餐巾布而感

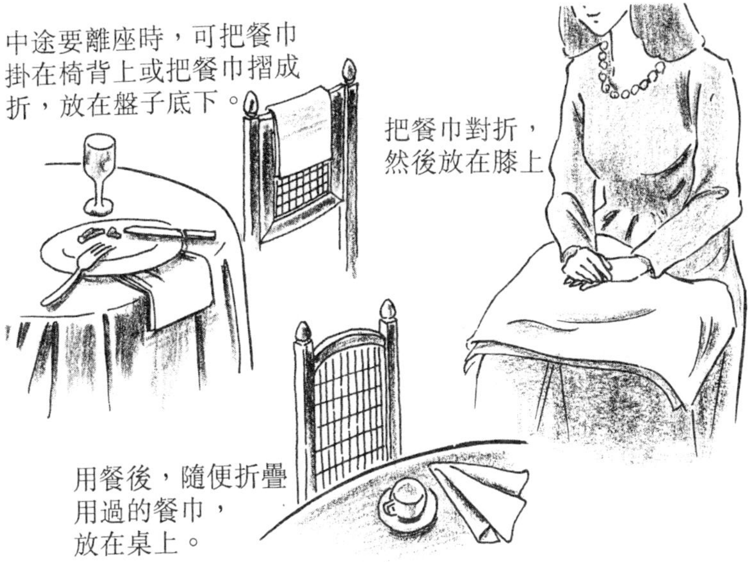
中途要離座時，可把餐巾
掛在椅背上或把餐巾摺成
折，放在盤子底下。
把餐巾對折，
然後放在膝上
用餐後，隨便折疊
用過的餐巾，
放在桌上。

到抱歉。這就是餐巾布的作用，可以安心地使用。

中途要離座的時候，可以把餐巾布摺成四等分，放在盤子下面。或者摺成長方形，放在椅背上。也有人會把餐巾放在椅子上，但是再用這接觸過臀部的餐巾布拿來擦嘴，恐怕不太恰當吧！

你還要回座的時候，可以把餐巾輕輕地摺放在餐桌上，讓人一眼就看出來你已經用餐完畢。

◎餐前酒和葡萄酒的禮儀

餐前酒的任務和種類

在外國，經常在用餐前飲用餐前酒，這是很久以來就流傳下來的習慣。最近，在日本的餐廳也沒有讓人能夠坐下來好好地飲用餐前葡萄酒（餐前酒）的空間，只是並不很普遍。

畢竟，餐前酒的作用是爲了促進食慾，增強胃的功能而飲用的酒。餐前酒包括了口味不錯或較烈的酒。

在等待朋友赴約或等待服務生清理餐桌時，或是在點菜之前，都可以享用餐前酒。不過不能夠喝太多，頂多只能喝一杯至二杯而已。

餐前酒並非要在用餐前把它喝完。在你坐定位以後，服務人員會把你的酒送到餐桌上來。

喝餐前酒時，不見得非美酒不可，也可以點蘇打水。蘇打水含有幫助消化的成分。

最常被使用的餐前酒，就是雪莉酒。這是西班牙產的白葡萄酒，其酒精成分約十五～十八度，比葡萄酒稍微強一些。在專業上是屬於強化酒精的葡萄酒，在發酵過程中加入了

白蘭地。餐前酒會使用辣味的葡萄酒，飲用量並不多，卻能增強食慾。

其次，較受歡迎的是基爾酒，這種酒喝起來清爽，帶有甜味。這是由黑醋栗酒加入白葡萄酒的一種雞尾酒，也可以用香檳來代替白葡萄酒。

此外，還有金巴利、琴・湯尼、香檳、馬丁尼等。在橘子汁中調入香檳的雞尾酒，是最值得推荐給女性的餐前酒。

◎餐前酒和葡萄酒的禮儀

葡萄酒的基本知識

一般法國料理都會附上葡萄酒。如果能恰如其分地配上適合的葡萄酒，眞是最好的味覺享受。

也許，你會認爲：「老實說，我不了解葡萄酒。」其實，即使是個美食家也不見得會眞的了解葡萄酒，要精通葡萄酒是很困難的。

不過，要大致上了解有關葡萄酒的基本知識。

葡萄酒是葡萄經過發酵所製成的。葡萄加入酵母，使之發酵，其中的糖分會變成酒精和二氧化碳。發酵的時間較短，糖分會殘留下來，而製成帶有甜味的葡萄酒。反之，若發酵時間較長，就會製成辣味的葡萄酒。葡萄因其釀造的過程而分爲四個種類。

首先是氣泡性的葡萄酒。葡萄酒在發酵時，會產生二氧化碳。去除這氣體，這種起泡性的葡萄酒再加上新的酵母，使其再度發酵，會變成含有二氧化碳的葡萄酒。

最具代表性的就是法國香檳區所製造的香檳。這種酒類在開瓶的時候，會因爲其中所含的二氧化碳，而發出「嘭」的一聲。

在香檳區以外所製造的氣泡性葡萄酒，英語稱爲Sparkling Wine，法語則稱爲Vamus。去除二氧化碳的葡萄酒，稱爲非氣泡性葡萄酒。這就是一般人所說的「葡萄酒」，因爲不起泡，所以也稱爲Still Wine（餐桌酒）。

在葡萄酒發酵的途中，爲了增強其酒精濃度，會加入白蘭地。這種葡萄酒稱爲強化酒精葡萄酒。最具代表性的就是西班牙產的雪莉酒，以及葡萄牙所產的波特葡萄酒。

此外，還有在葡萄酒的發酵過程中，加入藥草、香草、果汁、蜂蜜、香料等。這種葡萄酒稱爲混合葡萄酒，最有名的是加入果汁的桑格里亞酒。

其次，依葡萄酒的顏色來分類。

最濃的是深紅色的，是葡萄連皮一起發酵的紅葡萄酒。與其相反的爲白色葡萄酒，是利用去皮的果汁所發酵而成的。在這二者之間的，是暗紅色的玫瑰色。和紅葡萄酒相同的素材，但是在中途去掉皮和果實，發酵而成的。

一般而言，紅葡萄酒適合肉料理，白葡萄酒則適合魚料理，玫瑰色的葡萄酒則適用於二者。一般是把白葡萄酒和玫瑰葡萄酒保持在五～十度的溫度，紅葡萄酒則保持在室溫二十二～二十三度來飲用最恰當。餐廳會在溫度方面作適當的管理，所以不必擔心。

一瓶葡萄酒大約爲五～六杯分。

◎餐前酒和葡萄酒的禮儀

選擇葡萄酒時

再來就是如何選擇葡萄酒了。「今天是肉的料理，那就選用紅葡萄酒好了。」但是，葡萄酒的種類有上百種。

基本上，肉料理是使用紅葡萄酒，魚料理是使用白葡萄酒。但是還要根據料理選用適合的葡萄酒。料理的口味必須配合葡萄酒的濃淡。如果使用調味較重的料理，就適於選擇口味較重的葡萄酒。反之，如果選擇的是素材口味較輕的料理，就必須要選擇口味較淡的葡萄酒。

葡萄酒和口味的料理相配合時，就能增添二者的風味。如果料理的口味太強，葡萄酒的口味太重，就會破壞彼此之間的均衡。

還有，可以使用調理料理時所使用的葡萄酒，如此配合料理，可以使二者得到相輔相成的效果。

雖是這麼說，但是要在衆多的葡萄酒中，找到能夠適合自己的料理的葡萄酒，實在是件困難的事。這時候，「飲料總管」就登場了，他是酒類專家。

飲料總管負責管理餐廳所藏的葡萄酒，以及收藏的葡萄酒的溫度與濕度的調整，品質上的管理，所以要選擇葡萄酒時，可與其商談。

你可以把自己所點的料理與自己所喜歡的葡萄酒告訴他，以及你喜歡甜味、辣味，或介於二者之間，爽口或味道較重者，甚至可以告訴他你所喝過的酒的名字，與他商談。

如果你沒有特別的嗜好，則可以請他代爲選擇適合的葡萄酒。你也可以把預算告訴他，請他代爲挑選葡萄酒。

飲料總管是把便宜又美味的酒推荐給顧客，所以你可以考慮自己的預算，把自己的理想告訴他，拜託他來爲你選擇酒。

◎餐前酒和葡萄酒的禮儀

試酒的方式

當你決定了葡萄酒以後，飲料總管會很高興地把葡萄酒拿來，讓你看酒瓶上的商標，然後開封，把少量的葡萄酒倒進酒杯。如果是一對男女客人，就會把酒倒在男性的酒杯。

這時，他會說：「這是試酒。」意即按照顧客所喜好而選擇出來的葡萄酒，到底其味道如何，要由代表者來嚐試。飲酒總管幫你倒了葡萄酒後，就要遵守以下的順序來確認：

①輕握玻璃杯的杯柄，審視葡萄酒的顏色。

②接著，輕輕地轉動酒杯，使酒與空氣混和，以引發出香味來。這時，也有人是把酒杯放在桌上，一邊輕壓著酒杯的底部一邊轉。然後把鼻子湊近酒杯，品味這香氣。

③最後是品嚐。含一口葡萄酒在嘴中，不要馬上吞下，這時要轉一轉舌頭，品嚐這種美味，然後再慢慢地吞飲。

這時候，你向飲料總管點頭示意，即表示ＯＫ。接著，飲料總管會爲餐桌上所有的人倒酒。如果你在品嚐葡萄酒時，稍微不滿意其味道，然而其品質沒有任何問題時，是不能夠換酒的。要充分品味葡萄酒的香氣，則在倒酒時，要把酒加到酒杯最鼓起的部分。

飲酒總管拿來葡萄酒
並將葡萄酒倒入杯中
首先看看顏色
輕輕地搖動，
使葡萄酒和
空氣混合。
把酒杯拿近鼻前，
品味其香氣。
含一口，
然後慢慢地
品味。

◎餐前酒和葡萄酒的禮儀

乾杯和葡萄酒杯的拿酒方式

倒酒之後，接著就要乾杯了。這時候，主人要等飲料總管為所有的人倒過酒以後再舉杯，這是禮儀。

拿葡萄酒杯的正確方式，是要握著杯腳部分，以保持葡萄酒美味的溫度，避免因手的溫度而使之喪失美味。乾杯時，所有的人把杯子舉至齊眼的高度，然後輕輕地碰觸杯子，但是要避免發出「鏘」的聲音。

喝葡萄酒時，要一口一口地慢慢品嚐，不能夠因為好喝，就像喝啤酒一樣，大口地飲用。飲用時，刀叉必須要放在盤子上之後，再拿杯子。不要表現出右手拿酒杯，左手拿叉子的失禮行為。女性在喝葡萄酒時，不可以把口紅沾在杯緣上；先用餐巾輕壓嘴唇以後才喝酒，這是非常重要的禮儀。還有，酒杯不可置於盤子上，而要放置在固定的位置，也就是在右上角，否則碰倒了就不太好了。

香檳也是葡萄酒的一種，所以拿酒杯的時候，也是拿著杯腳部分。使用喝水的高腳杯時，一般是握著杯底部分。使用啤酒杯時，需要穩穩地抓著杯把。

拿葡萄酒杯時，
握住其杯腳。
拿啤酒杯時，
要握緊把手。
拿香檳杯時，
拿住其杯腳。
杯子有其固定的位置，
如果把它移至靠近盤子，
會很容易被碰倒。
拿高腳杯
時，一般
是拿住玻
璃的部分。

◎餐前酒和葡萄酒的禮儀

葡萄酒倒酒時／拒酒時

基本上，在餐廳倒葡萄酒、啤酒等飲料時，是飲料總管的工作。

倒酒的時候，杯子置於原處，不需要把杯子移到你的面前。即使是葡萄酒和啤酒也一樣，和使用日本料理時，必須要把杯子拿到面前的情形，是完全不一樣的。不過，有時候爲了不妨礙倒酒的動作，必須要稍微移動一下自己的身體和肩部。

倒酒時，最好停止使用刀叉的動作。如果無視於服務人員的存在，而繼續用餐，會讓服務人員覺得有輕視之意。

依情況的不同，有時候會彼此爲對方倒酒。這時候，坐在女性身邊的男性會爲女性倒酒，這是禮儀。倒酒的時候，要朝順時針方向轉動。

酒量會因人而異，必須要了解自己的酒量，在未醉之前就先拒絕。這是非常重要的。

如果服務生已經站在妳的身邊，要爲妳倒酒，而妳想要表示「我不要了」的時候，可以把指尖輕放在玻璃杯上示意。不需要出聲拒絕或倒扣杯子。

當服務人員爲妳倒酒時，
要停下用餐的動作。

當拒絕時，可以
把手指輕輕地放
在玻璃杯上。
如果是較自由的
場合時，男性要
爲女性倒酒。

◎使用前菜、湯、麵包的禮儀

生蠔／蝸牛

◇生蠔

在前菜中，最受歡迎的菜單之一就是生蠔。就季節而言，九月到四月，尤其是寒冷季節的生蠔最好吃了。

帶殼的生蠔一般是以六個或十二個出現。

通常是要擠上檸檬汁以後再食用，擠檸檬汁的方法是必須要注意的一點。如果是縱切的檸檬，在擠檸檬汁的時候，爲了預防檸檬汁四濺，必須要用左手輕輕地遮住，再用右手手指擠壓檸檬汁。

有時候，會因爲嫌麻煩而在一開始時，就把所有的生蠔都擠上檸檬汁。不過，要吃的時候，才一個一個地擠上檸檬汁，才能夠品嚐到生蠔的美味。

吃生蠔時，用左手壓著殼，右手拿著專用的雞尾酒叉，挑出生蠔來食用。同時，可以直接飲用殼中的蠔汁。通常吃生蠔時，多多少少都會弄髒指尖。一般都會附上裝水的洗指缽，讓人洗手。然後用餐巾來擦拭。

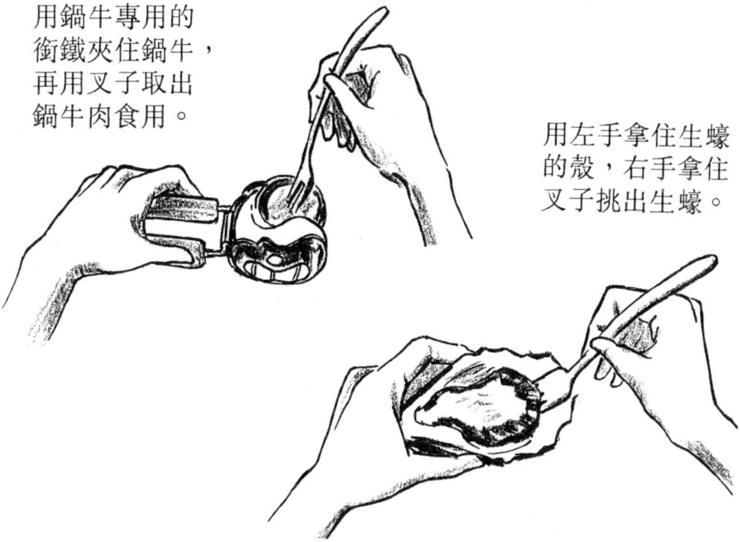
用鍋牛專用的
銜鐵夾住鍋牛，
再用叉子取出
鍋牛肉食用。
用左手拿住生蠔
的殼，右手拿住
叉子挑出生蠔。

◇蝸牛

食用蝸牛當然不是樹蔭下一般的蝸牛，而是用大蒜奶油汁燒烤而成，爲獨特的法國料理，也是最受歡迎的前菜。

吃蝸牛的時候，會附上吃蝸牛時專用的「銜鐵」器具和叉子。

首先，左手拿著銜鐵，夾緊蝸牛殼，然後右手拿著叉子挑出蝸牛肉來。挑出時，順著蝸牛肉旋轉的方向轉動，就能夠很簡單地取出蝸牛肉。吃完蝸牛肉以後，蝸牛殼中殘留著奶油汁。

如果是私人餐會，男性可以用銜鐵夾著蝸牛殼，把奶油汁倒入口中。女性則可以用麵包沾著奶油汁來食用，或是把蝸牛汁倒在湯匙裡來食用。

◎使用前菜、湯、麵包的禮儀

魚子醬／鵝肝餡餅／蝦子雞尾酒

◇魚子醬

魚子醬是以鱘魚卵用鹽醃漬而成的，有「黑色鑽石」之譽。在世界上美食家的眼中，是一道珍饈。在前菜中，這是屬於上品料理。有時候盛放在盤子上，有時候是點綴在烤麵包上，或置於麵包上端出來，也有魚子醬和麵包分別放置端出來。

如果魚子醬是置於盤中端上桌，可以用湯匙舀食。如果是點綴在烤麵包上，可以用手拿來吃。如果是魚子醬和麵包分開時，可以用刀子把魚子醬抹在麵包上，然後再用手拿來吃。有柔軟的蛋糕時，可以用刀叉來切食。

◇鵝肝餡餅

鵝肝餡餅是用法國東部斯特拉斯布魯地方特別養育的一種鵝類的肝臟所製成的。農家飼養這種鵝時，不斷地餵以飼料，使其增胖。這時候，鵝的肝臟積存了肥厚的脂肪。利用這種肝爲素材，再包上外皮做成的肝餡餅，是一道口味濃厚的料理。

鵝肝餡餅很柔軟，並不需要用刀子來切。可以用右手拿著叉子，切食餡餅的邊緣。如

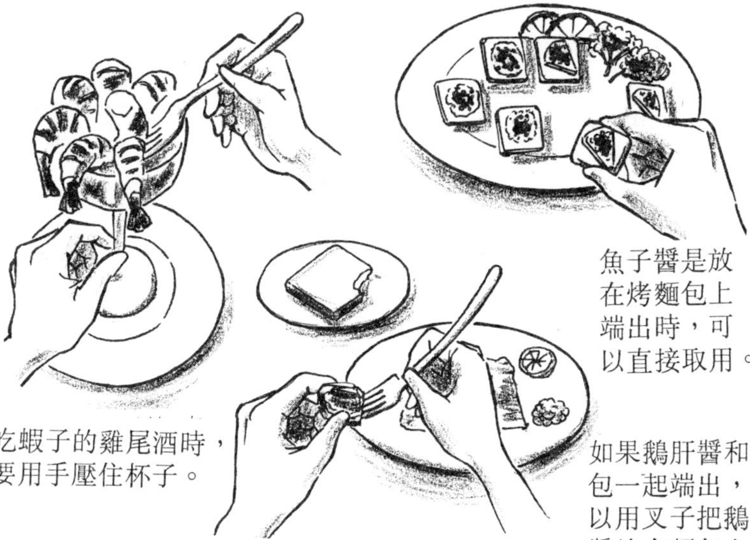

吃蝦子的雞尾酒時，要用手壓住杯子。

魚子醬是放在烤麵包上端出時，可以直接取用。

如果鵝肝醬和麵包一起端出，可以用叉子把鵝肝醬放在麵包上。

果附有麵包，可以把麵包撕成一口大小，一口鵝肝餡餅，一口麵包地吃。也可以把鵝肝抹在麵包上來食用。

◇蝦子雞尾酒

小蝦子的雞尾酒是最受歡迎的一道料理。

小蝦子的雞尾酒料理，一般把小蝦子吊在雞尾酒杯的邊緣作爲裝飾，看起來極爲高雅，味道清淡，深受女性歡迎。

食用這一道雞尾酒料理時，必須要注意的是，要避免叉子碰撞玻璃杯，而發出「鏘」的聲音。食用時，要用左手壓住杯子的底部使之安定，然後用右手拿著叉子叉食蝦子，而不使用刀子。

如果蝦子附有尾部，可以把蝦尾留在杯中。

◎使用前菜、湯、麵包的禮儀

湯並非飲料

日本人最感到棘手的就是喝湯。

西洋料理用餐時，不能發出聲音爲一大原則。如果在喝湯時發出聲音，就是違反禮儀。

日本人認爲湯是「飲料」，而西洋料理則認爲湯是「食物」，是用來食用而並非飲用的。

通常湯是盛在有雙把的杯子裡，或者是裝在扁平的湯盤中。

食用裝在有雙把的湯杯中的湯時，爲了測試湯的冷熱程度，可以使用附帶的小湯匙先試一口。使用後的小湯匙可以放置在靠近身體這一邊的底盤上，不可置於湯杯中。

試過湯的溫度以後，可以用雙手拿著雙把，把湯杯端到口邊直接飲用。至於湯中的食物，則可以用湯匙來舀食。

沒有把手的湯盤，要用大湯匙來舀食。

拿湯匙的姿勢就像握鉛筆一樣，由內經外側舀食。由內經外舀食是屬於英國式，反之

一般是用湯匙
由內往外舀食。
用完以後，可以把湯匙
放在底盤的前側或盤中。

爲法國式，而日本一般是採用英國式。

以呈四十五度角度的方式，用湯匙舀至口邊最優雅。把湯倒入口中時，不可以發出聲音來。然後再用沒有殘留湯的湯匙，由自己的面前往外舀湯進食。

使用完畢以後，把湯匙放在靠近自己身前的底盤上，或者是把湯匙放在盤中。

這時，謹記要把湯匙的柄放在右邊的原則，而湯匙凹陷的部分必須要向上。湯杯與湯盤都是如此。

用湯時，不可以噘起嘴來用力把湯吹涼。

◎使用前菜、湯、麵包的禮儀

帶有派皮的湯

俄國料理有一種附有如蘑菇狀派皮的湯，是在洋蔥湯或馬鈴薯泥湯之上加上派皮，而烤出來的料理。

派皮覆蓋於湯上，是為了要使食物的香氣不致於散發掉，而且派皮的味道也非常誘人，所以務必要嘗試一下派皮與湯加在一起的美味。

附有派皮的湯除了湯匙之外，還附有甜點用的刀叉。先用刀子切開派皮的中央以後，再用湯匙剝離靠近身前的派皮，使之掉進湯中，然後混合湯中的食物一起食用。

不要一次就剝落掉整個派皮，因為這樣會使湯溢出來，而且也無法品嚐派皮獨特的酥鬆美味。所以最好只是剝下一口分量的派皮，一起舀食湯中的食物。

湯裡有很多的食物，如果能夠混合派皮來食用，會是一大美味。

如果因為湯很燙而試著把它吹涼，結果發出聲音，就違反禮儀了。

喝湯時，不能夠因爲
太燙就發出呼呼的吹
涼聲，有違禮儀。

用刀子把派皮
橫切爲一半。

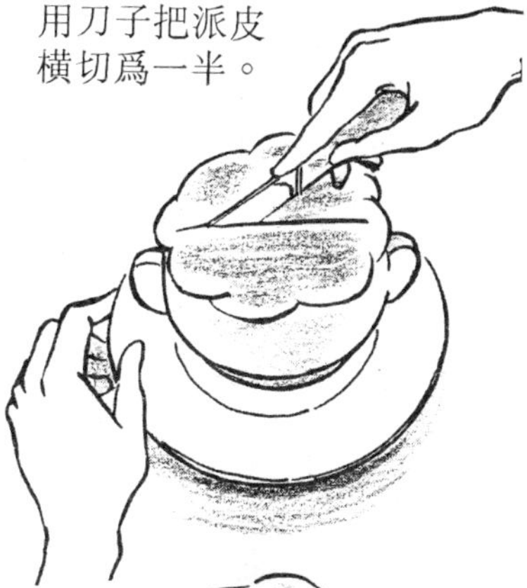

把派皮一起剝入
湯中，然後和湯
一起食用。

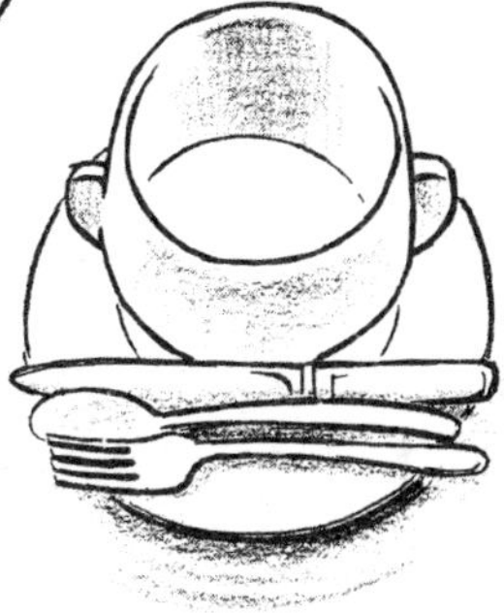

喝完以後，要把
刀叉平行地放在
底盤的前側。

◎使用前菜、湯、麵包的禮儀

適當地攝食麵包／食用白飯的方法

◇食用麵包的方法

如果是正式的西洋料理餐廳，幾乎都不會提供飯，而只是提供麵包。因餐廳的不同，麵包的種類也會不一樣，提供的服務也會有所差異。放置麵包的位置不變，一定是放置在主菜的左側。如果一開始就有麵包時，要知道在餐具左側的麵包是屬於你的。

如果服務人員把麵包籃拿到你的身邊時，可以按照自己的喜好來取用麵包，然後放在左手邊的盤子上。如果沒有麵包盤，也可以將之置於餐巾上，而其位置仍是在左側。

如果你選擇的是像法國麵包一般的硬麵包，食用時一定會散落麵包屑。這時，可以用左手拿著麵包，再用右手把麵包撕成小塊，然後再用左手拿著這塊小麵包，而用右手來塗抹奶油。要注意是把麵包撕成小塊以後，再塗抹奶油。

吃麵包的時候要小心，盡量不使碎屑掉落。如果有麵包屑，服務人員會爲你清理乾淨。

提供奶油的方式會因餐廳的不同而有所差異。要注意的是有時候會把同桌人的奶油分量也一起端上桌。有時候，是每個人會有一小盤的球狀奶油球，或者是切成塊狀的奶油塊，以便分成數人分的奶油盒等等，有各種不同的方式；而其取用方式是相同的。

如果不是共用一支奶油刀，就是自己有一支個人使用的奶油刀。這時，可以取用適量的奶油，把奶油放在麵包盤中的這一邊。

塗抹奶油時，要使用個人用的奶油刀。如果沒有附上奶油刀，則可使用料理用的刀，必須要注意不可獨占共用的奶油刀。

麵包最重要的作用之一爲清除口腔。吃一口麵包，可以清除口腔內殘存的料理味道，所以，像套餐雖然只有二道不同的料理，如果能夠恰當地在料理與料理之間吃麵包，能夠讓你輕鬆地享受料理的美味。因此麵包經常是料理的最佳夥伴，而不可以在吃料理之前先吃麵包。必須要在用過湯之後，直到最後的肉料理爲止，和料理一起食用。如果中途吃完了麵包，可以請服務人員再準備。

麵包還有另一作用。法國料理中，一般而言其店的拿手絕活就隱藏在湯料之中。吃完料理之後，再用麵包沾著佐料湯汁來食用，無疑是品嚐料理發揮得淋漓盡致。如果是非常愼重的場合，最好是不要這麼做。

◇食用米飯時

雖說在正式的場合中是不會出現米飯的，不過有的餐廳也會提供麵包與米飯二種選擇。放置米飯的位置和麵包相同，是在主菜的左側。

有些人在食用米飯時，是把米飯置於叉子的背部來食用。這種食用方法很困難，因爲叉子的背部很難放東西，這種方式實在很不自然。爲了怕米飯掉落下來，而用刀子緊壓米飯於叉子上，便無法品嚐出酥鬆米飯的風味。

享用米飯時，可用叉子凹陷的部分來舀食。這時候，可以用右手拿叉子，甚至用刀子把米飯撥至叉子凹陷處也無妨。

用叉背盛飯的方法很不自然，而且難以取用。

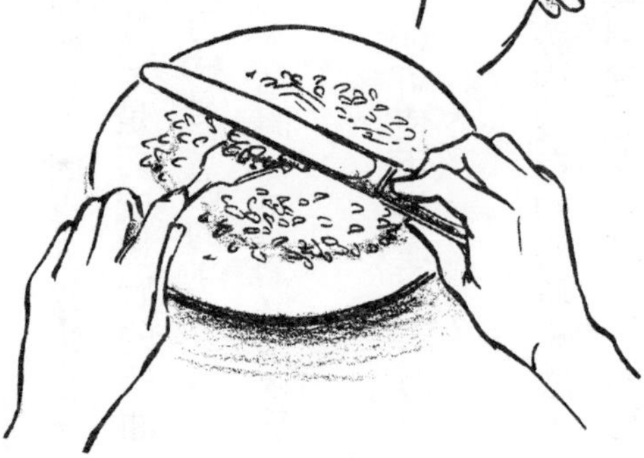

通常米飯是用叉子舀食。

把麵包撕成一口
的大小再享用。

麵包沾料理的醬汁
來吃，味道也很好。

撕下麵包以後，
才抹上奶油。

避免啃食麵包

◎使用魚、肉料理和沙拉的禮儀

適度地剔除魚骨

很多人在看到一整條的魚料理時，心中會感到不安。這時要牢牢記住以下的事項。

魚料理所使用的刀叉，一般都是比較鈍的刀叉。如果是澆上佐料湯汁的料理，就會附上舀湯汁的湯匙，只要像拿鉛筆一樣，輕輕握著即可。

食用有頭尾的魚時，光用叉子壓著魚，然後用刀子在魚肉中央部橫劃一直線，剝除靠近自己身邊的魚肉，切成適當的大小。吃完以後，再剝除另一邊的魚肉來食用。

接著，就是魚骨下面的部分了。這時候，把刀子伸入背骨的下面，由尾部挑起整個魚骨，把魚骨放置在盤子上，然後再切食下側的魚肉。

不能翻過魚身來食用。

如果口中有魚骨，不可以用手取出魚骨來，而要用叉子放到嘴邊去找出來；或是先用餐巾掩著嘴巴，再用手把魚骨取出來。

如果是法式奶油炸魚這種有鰭的魚類，在一開始食用時，就要先用刀子去除兩側的魚鰭，置於盤子的遠處，再切食魚肉。

①先用刀子橫切

若鰨魚和法國式的奶油炸魚等，可以先把側面的鰭切下。

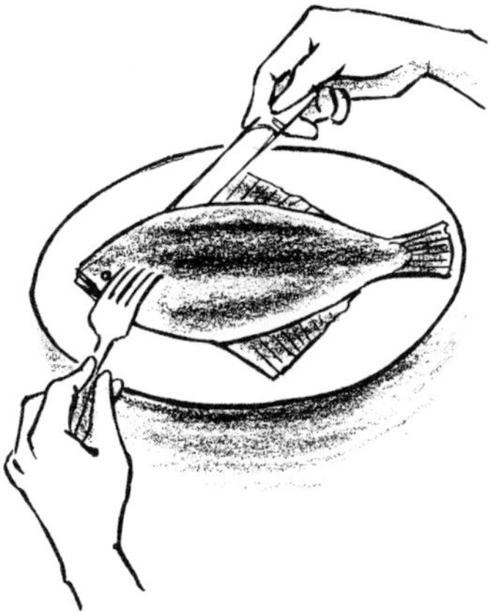

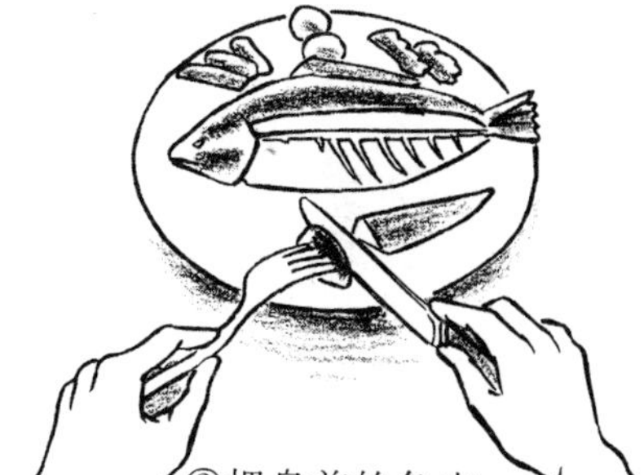

②把身前的魚肉切下一口分來食用。

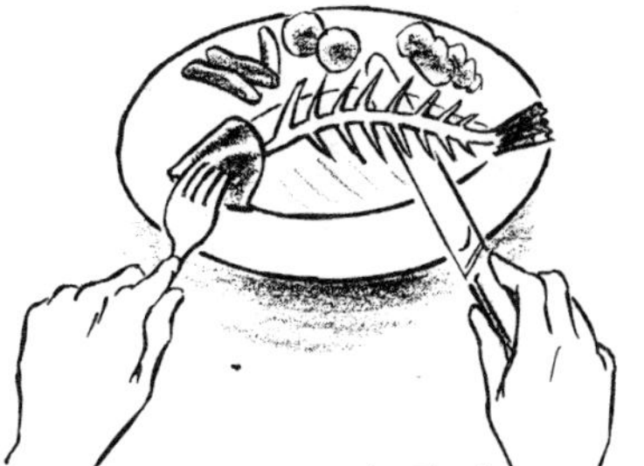

③把刀子切入魚骨下，剔除魚骨以後，把魚肉切成一口分來食用。

用叉子取出口中的魚骨，不可以直接用手拿。

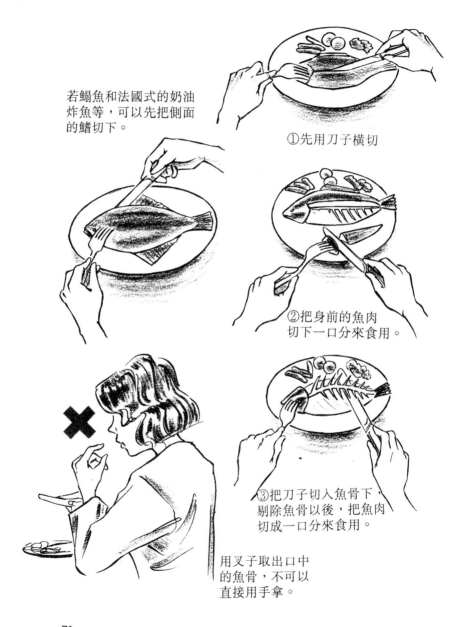

◎使用魚、肉料理和沙拉的禮儀

適當地剝食有殼的蝦子

在喜宴上，一定會出現看起來極度豪華、壯觀的伊勢蝦料理，這是一道非常受人歡迎的料理。縱切成二半的伊勢蝦，澆上特製的佐料湯汁，然後再放入烤箱中燒烤，這是法式蝦料理的主流。如果附有檸檬，在擠汁時要用左手護著，以防檸檬汁四濺。

接著要剝除蝦殼。

光用叉子壓住蝦頭，再用刀子切除頭部與蝦身的連接處。然後再用刀子切入殼和肉之間，剝出蝦肉來。如果用刀子切除尾部時，叉子也必須要移至尾部附近的位置。接著再用刀子壓著殼，用叉子叉起蝦肉，把剝離的蝦肉放在接近自己面前的盤子，然後把蝦殼移至盤子的對側。最後，把蝦肉切成適度的大小來食用。

如果是食用大腳蝦，這種蝦子會有有如鉗狀一般的螯足。爲了食用螯足中的肉，一般都會提供附有專用的鉗子，以夾碎螯腳，從殼中挑取蝦肉來食用。吃蝦肉時，也有專用的叉子。如果一邊挑出蝦肉一邊食用，就違反了禮儀。要先挑出蝦肉，放在盤子裡，然後再用一般的叉子來取食。取食大腳蝦的蝦肉的方法，和食用伊勢蝦的方法一樣。

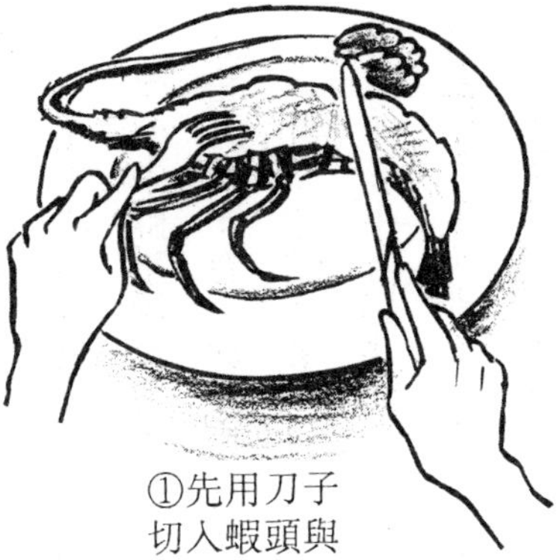

可以用專用的鉗子夾碎螯足蝦，取出裡面的肉。

①先用刀子切入蝦頭與蝦身之間。

②切入靠近尾部的蝦肉部分。

③一邊用叉子挑起蝦肉，一邊用刀子切。

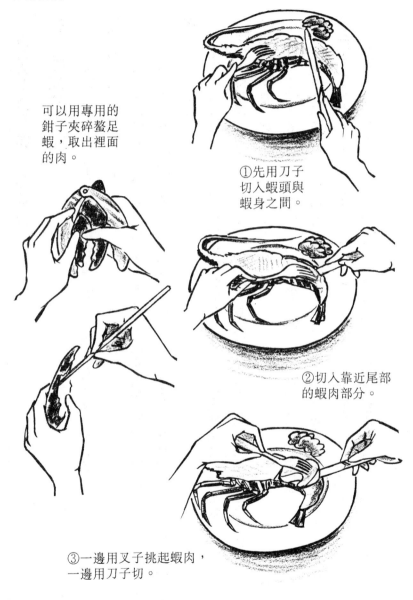

◎使用魚、肉料理和沙拉的禮儀

各種種類的牛排

牛排爲肉料理的代表。你會在食譜上發現，牛排有各種不同的名稱，主要是因爲牛肉部位的不同，而有所差異。

沙朗牛排是使用最上等的里脊肉。小型薄牛排使用和沙朗牛排一樣的肉，而切成薄片。大腿部的牛排屬於腰上部的肉。腱子牛排是背骨旁邊的二條脊肉。一般的烤牛排是使用別處的里肌肉。

花生烤牛排是使用脊肉中最好最粗的部分。腓力牛排是使用脊肉前端較細的部分。特魯涅德牛排是使用脊肉，只是在旁邊再捲上鹹肉爲其特徵。其他的是把里脊肉切成薄塊，上面再鋪洋蔥，製成夏特布里昂牛排。

當你在點牛排的時候，要仔細詢問其燒烤的方式，並記住有幾種種類。

一般牛排燒烤的方式分爲五階段：①Rare（全生）、②Redium Rare（半生熟）、③Medium（半熟）、④Medium Welldone（七分熟）、⑸Welldone（全熟）。

Rare是只燒烤表面，而中間還是血淋淋的生肉。Medium是燒烤至中度。Welldone是

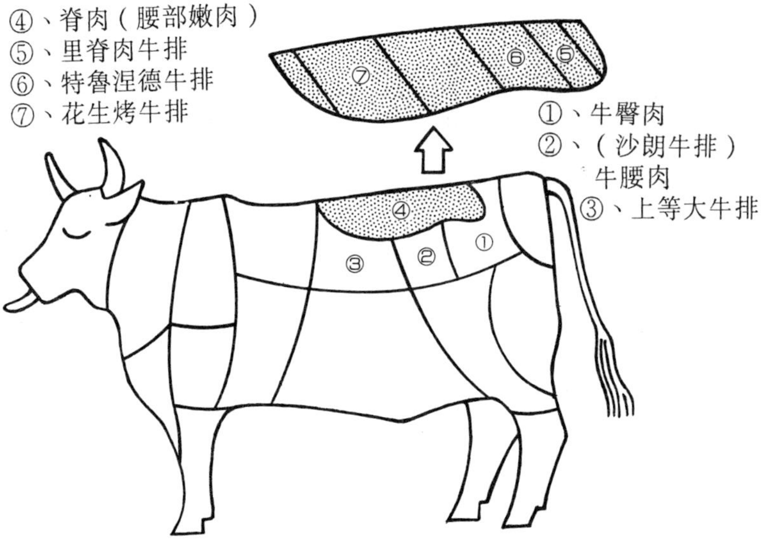
④、脊肉（腰部嫩肉）
⑤、里脊肉牛排
⑥、特魯涅德牛排
⑦、花生烤牛排
①、牛臀肉
②、（沙朗牛排）
牛腰肉
③、上等大牛排
⑦
⑥
⑤
④
③
②
①

燒烤至熟透爲止。Medium Rare 是介於 Medium 和 Rare 之間。Medium Welldone 是介於 Medium 和 Welldone 之間。

不過，並非所有的肉類都符合這五種燒烤方式。小塊的薄牛排和花生烤牛排由於肉較薄，所以，頂多只能分成三種燒烤階段，即 Rare，Medium 和 Welldone。一般而言，當你點薄牛排時，服務人員通常不會詢問你燒烤的方式，全權由廚師來調理。

有些菜單會印上牛排的重量和數字，這時候你可以視肚子的狀況來作決定。一般的沙朗牛排大致是採用一百五十公克厚的牛排。

◎使用魚、肉料理和沙拉的禮儀

使用牛排刀的訣竅

吃牛排時，使用肉類中最大的刀叉。

剛開始，當牛排剛才上桌時，如果上面有檸檬或奶油，要將之抹勻。然後用叉子壓住肉的左端，食指壓住叉子的頸部，要確實壓緊。用右手拿住刀子時，右手手指要放在刀柄上，縱切切成一口大小。切肉時，與肉呈銳角切入較不費力。縱切時，如果發現肉塊太大，可以往斜邊再下一刀，切成一口的大小。

如果是順著肉纖維下刀，可以毫不費力地輕輕落刀即可。這就是切肉的訣竅。如果把刀子當成鋸子來切肉，如此並不容易切。如果下刀的角度與肉互相垂直，會使刀刃接觸到盤底，而發出令人不快的聲音，所以必須要注意。

牛排旁邊會附上冷的馬鈴薯和紅蘿蔔，以及豌豆等蔬菜。如果配合牛排來交互品嚐，可以增添這道菜的風味。還有，牛排料理經常會配上水芹或荷蘭芹，這些蔬菜都很適合和牛排一起進食。

用刀子切好以後，
用右手拿叉子取食
爲美國式。

澆多一點醬
會比較好吃。

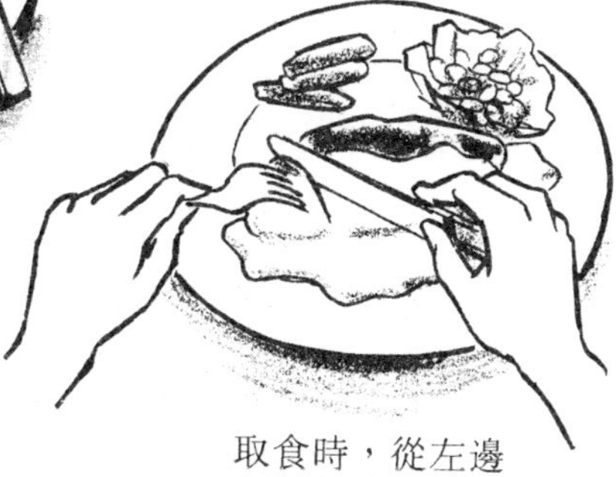

取食時，從左邊
開始切食。

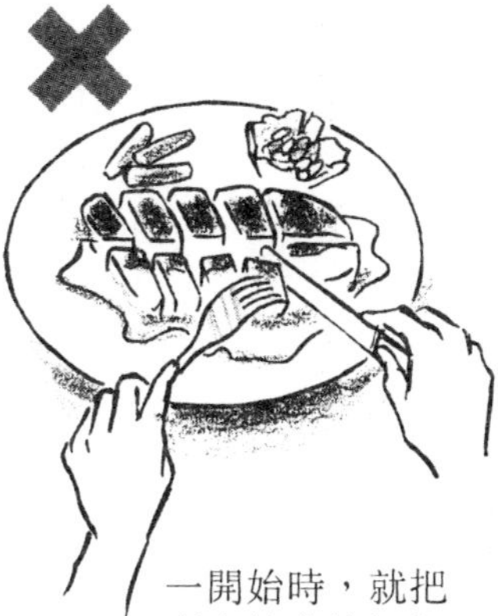

一開始時，就把
所有的食物切好，
會喪失其美味。

切下來的一小片食物仍覺得
太大，可以再切成一半。

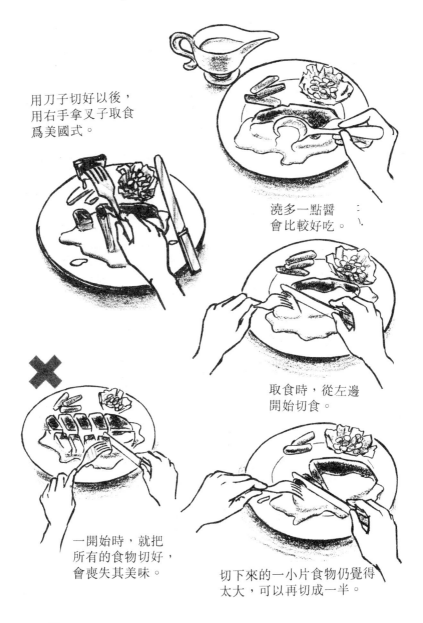

◎使用魚、肉料理和沙拉的禮儀

進食帶骨肉料理的方法和洗手盆

肉料理中，像烤雞、烤小羊這種帶骨的肉料理也不少。

進食烤雞時，用叉子壓住肉的左側，刀子沿著骨頭旁邊切入，先切下身前的雞肉，然後再切成一口大小來品嚐。切下的骨頭置於盤子的對側。

用刀子切除附著在骨上的雞肉，然後再品嚐。附有洗手盆時，可以用手拿著骨頭來啃食。烤羊排通常都會帶有骨頭，一開始就用刀子沿著骨頭旁邊切下來，然後切成一口大小來品嚐。野禽料理是非常珍貴的料理，是一種像鵪鶉一般小的鳥類。雖然骨頭非常細小很難切，但是仍和肉類的方式一樣，把從骨頭上切下來的肉切成一口大小來食用。

所謂洗手盆，是餐後用來洗手的器具，其中漂浮著檸檬片，以便洗淨指尖的脂肪，爲銀器或玻璃製品。

使用洗手盆時，不可以雙手同時入水，而要單手個別清洗指尖，不可發出聲響。洗淨以後，用餐巾擦乾指尖。

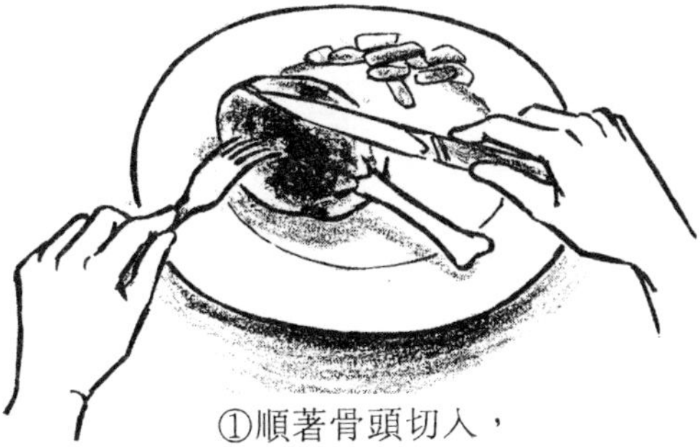

①順著骨頭切入，
把骨肉分開。

使用洗手盆時，
單手放入以清洗
手指。

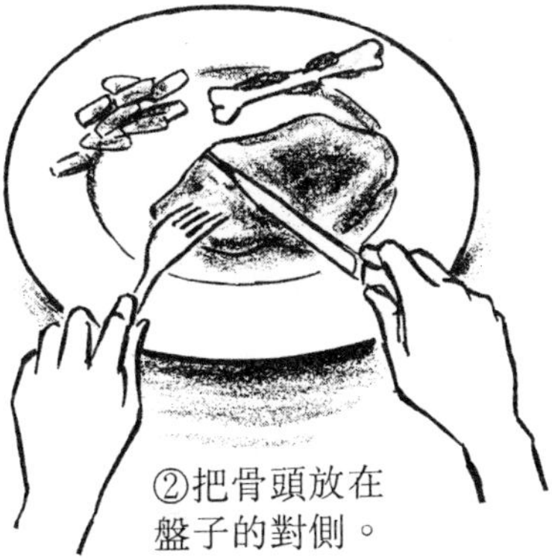

②把骨頭放在
盤子的對側。

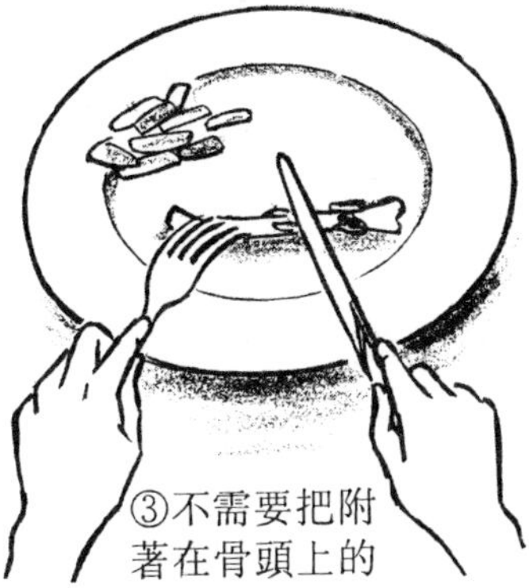

③不需要把附
著在骨頭上的
肉剔除得太乾
淨。

◎使用魚、肉料理和沙拉的禮儀

進食串燒料理時，要先把食物從串上取下

串燒料理是用鐵籤交互穿刺肉、洋蔥與青椒等食物，然後用來燒烤的料理。

通常在鐵串的左側會有一圈環，爲握把的部分。因爲鐵串很燙，要先用餐巾包著圈環再拿著。斜拿著鐵串，右手拿著叉子一一取下鐵串上的食物。如果食物沾黏在鐵串很難取下時，可以稍微轉動一下鐵串，就可以輕易取下食物。把叉子插入鐵串之間，再往下拉拔即可。

另外，還有把叉子放在圈環中，然後用刀子把鐵串上的肉和蔬菜取下的方法。

如果用力過度而使肉飛出盤外，這就很糟糕了。雖然直接用手取下鐵串上的食物，也不算是違反禮儀，但是在此時最值得推荐而又安全的方法，就是用左手壓著串籤，再用叉子取下肉塊來。

當你把肉塊從串籤上取下來之後，應該要把鐵串籤放在盤子的對側。如果肉塊太大，要切成一口大小再食用。另外，要注意趁食物在未冷卻之前儘早取下，否則待冷卻以後再取下，就事倍功半了。

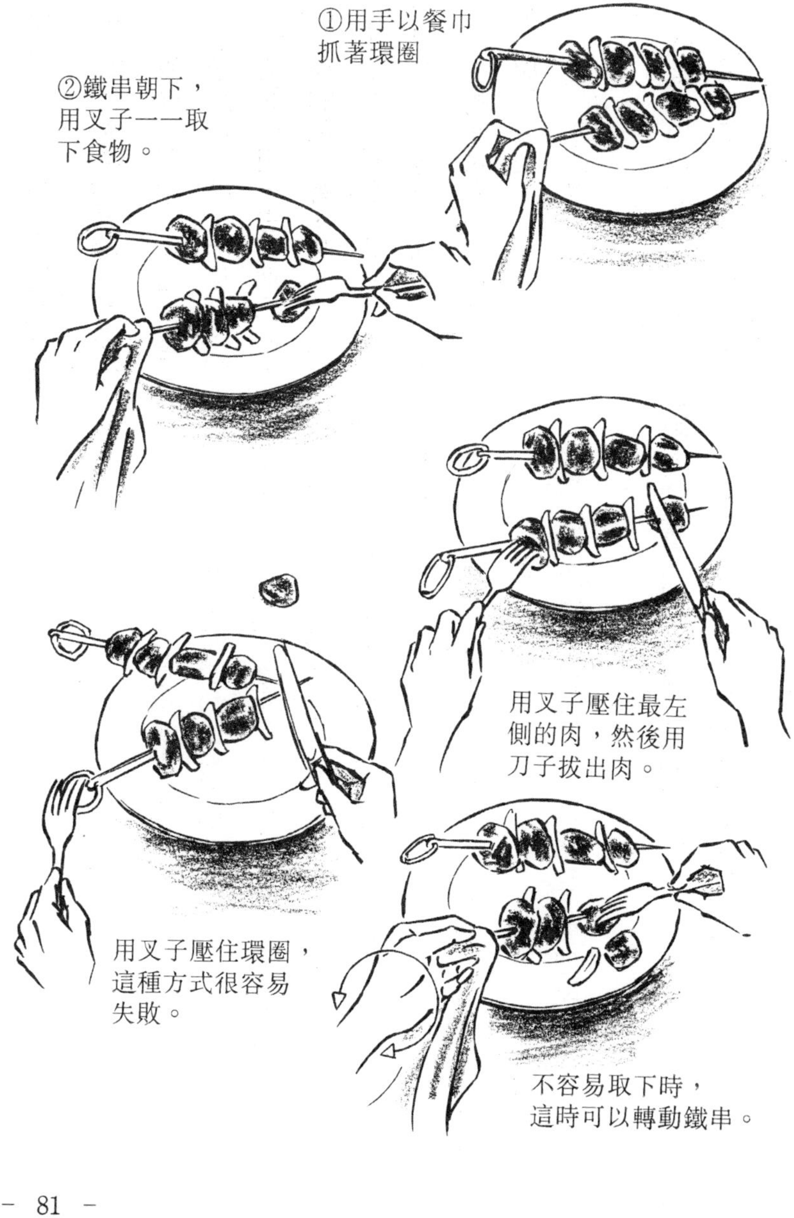
①用手以餐巾抓著環圈
②鐵串朝下，用叉子一一取下食物。
用叉子壓住最左側的肉，然後用刀子拔出肉。
用叉子壓住環圈，這種方式很容易失敗。
不容易取下時，這時可以轉動鐵串。

◎使用魚、肉料理和沙拉的禮儀

配菜的功用與其進食方式

在西洋料理中，會有各種種類蔬菜的配菜。爲甚麼會配上蔬菜呢？因爲主菜是魚或肉，都是酸性食品，所以必須配合鹼性食品蔬菜，而達到使料理調和的目的。

配菜的作用，主要爲凸顯主菜的美味，以及調和菜色和形狀，增加香味，促進食慾，增添料理的色、香、味，這是它所扮演之配角的角色。

配菜的種類實在非常豐富。單單一種馬鈴薯，就可以作成炸的、煎的，以及作成薄餅的調理方法。每家店面在配菜方面，都會很下工夫去準備。

常見的配菜有冷的胡蘿蔔、小洋蔥，以及用奶油煎炸的豌豆、豌豆莢、金菇，以及加上奶油糊的菠菜。

一般的禮儀是主菜和配菜交互進食，可以二者同時進食。要注意不要把配菜留到最後才吃。

經常會出現的配菜之中，最難處理的就是用奶油煎煮的豌豆。

要用叉子來插豌豆是很困難的，但是如果光用叉子的背部輕壓豌豆，然後再舀起來

很難取食豌豆時，可以用叉背輕壓豌豆。

可以用叉子的凹陷部分舀食飯。

吃，就絕對不會失敗。這時候，你也可以左手拿著麵包，把壓扁的豌豆推進叉子內更方便。

稍微用叉子的背部輕壓蒸熟的鬆軟馬鈴薯，可以預防在送進口中之前掉落。

有時候會附有奶油飯，這時也可以用叉子舀起來吃。

用叉子舀來吃的料理，如果用左手覺得不方便，可以改用右手。

其他的蔬菜都用叉子來進食。

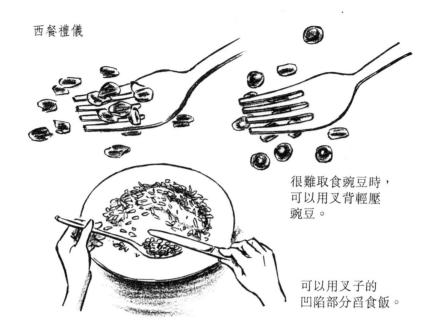

◎使用魚、肉料理和沙拉的禮儀

經常吃的沙拉，但是……

通常沙拉會和肉料理一起出現，偶爾也會有在用完肉料理以後，才出現沙拉的情況。和肉料理一起被端上桌時，沙拉是位於主菜的左側，麵包盤的前面。西洋料理的原則為一旦放下盤子，位置就固定，不能夠再移動。如果沙拉盤子的位置太遠，也不能把盤子移到你的面前來。

平常已經非常慣於吃沙拉，現在卻要用刀叉來進食，實在會令人覺得難以應付。服務人員會問你，要用哪一種佐料，你可以把你所喜歡的佐料告訴他。使用肉料理所用的刀叉時，像萵苣等沙拉的菜葉非常大，可以用刀叉切成適當大小，然後將之摺疊，用叉子叉起來進食。至於像小黃瓜、蘆筍、番茄等，可以直接用叉子叉起來吃。送進嘴裡時，要注意不要讓佐料汁滴下來。

當然，你可以按照自己的口味來加鹽或胡椒調味。不過，要先注意先嚐一口再調味，對作料理的人才不會失禮。

可以用刀叉折疊
大片的葉子。

可以用叉子
叉食小黃瓜
或番茄。

如果沙拉的
盤子距離很
遠，可以先
把沙拉拿到
主菜盤中。

注意不要讓佐料醬
滴下來。

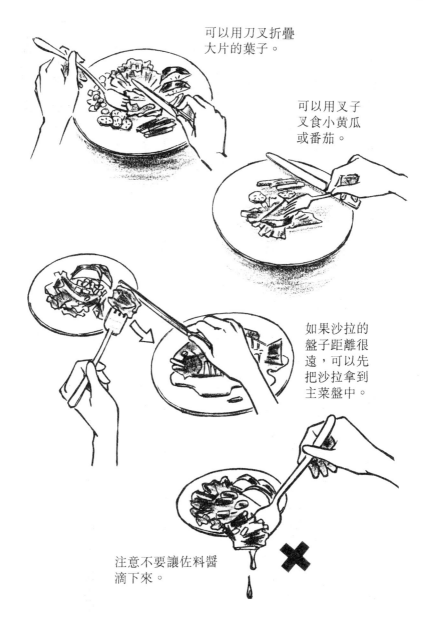

◎使用魚、肉料理和沙拉的禮儀

起士的種類與其吃法

在日本，起士會讓人聯想起下酒菜、前菜，以及三明治等；而在西洋料理中，起士是非常了不起的點心。

在日本經常吃得到的只是加工過的起士（溶解一～數種天然起士以後，加入調味而加工成形的起士。這種起士容易保存）。其實不僅如此，在外國反而是以天然起士爲主流，種類之多是日本無法相比的。

在歐洲幾乎每個村鎮都出產起士，起士與其生活密不可分。而且其主要原料不只是牛奶，甚至還有用山羊奶和羊奶製成的起士。

一般而言，起士是出現在肉料理和甜點之間的料理。通常服務人員會用托盤端出，你可以從中選擇自己所喜歡的口味。不妨挑選二～三種口味，如果交互著吃味道會混在一起，因此要先吃味道較淡的起士，再吃口味較重的起士。如果覺得肚子飽了，可以婉拒。如果還有剩下的葡萄酒和麵包，可以配著起士一起吃完。

【卡芒具爾乾酪】Camembert 這是在日本深受歡迎的起士，沒有特殊的味道，是非常

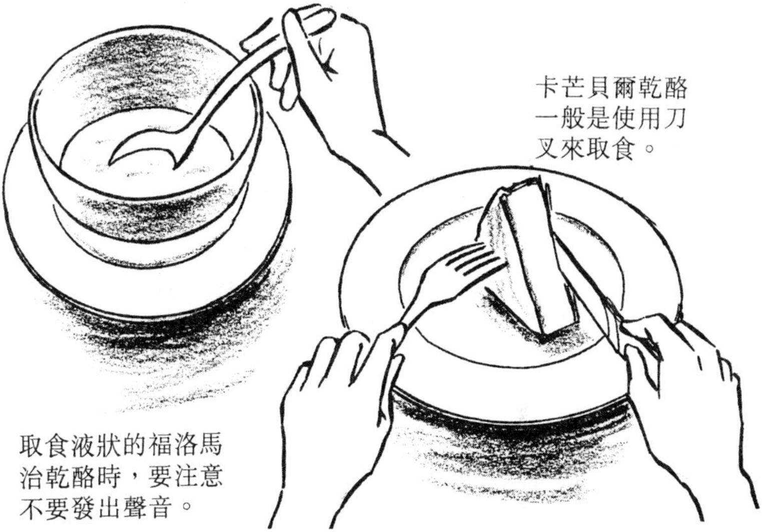
卡芒貝爾乾酪
一般是使用刀
叉來取食。
取食液狀的福洛馬
治乾酪時，要注意
不要發出聲音。

柔軟的起士。可以用刀叉來切食。周邊白色的硬皮可以用刀子切掉，也可以放在鹹餅乾或麵包上一起享用。

【福洛馬治乾酪】Fromage Blanc 這是一種新鮮的軟起士，就像酸乳酪一樣，一般是放在盤子裡端出來。你也可以加入砂糖或鮮奶油，混合以後用湯匙來進食。這是一種液態狀的起士，所以要注意進食的時候，不可以發出聲音。

【洛克福乾酪】Roguefort 這是用羊乳製成的，也是藍莓起士中最好吃的一種。其鹹味會刺激舌頭為其特徵。吃的時候，可以先去掉藍莓或這麼吃也行。

【邦香披乾酪】Bonchampi 這是一種味道柔和的白莓起士，其中加入了切碎的蘑菇，是非常好吃的起士。

◎使用甜點、咖啡、紅茶的禮儀

水　果

甜點中，經常會出現的水果就是甜瓜。通常甜瓜的皮和果肉會被切開，所以在享用時，可以從左側開始切成一大口來享用。如果果皮和果肉沒有切開，則可以自行在果皮和果肉之間切一道。這時，先把叉子壓著果肉的左側，然後用刀子從右邊切入。要記住不可以全部切開，在左端留下一點爲重點。

切完以後，再使用刀叉把甜瓜的位置換個方向，切口換爲左側，然後再從左側開始，一口一口地切下來吃。

吃西瓜時，要領相同。如果附有湯匙，可以用湯匙舀來吃。

如果是大顆的葡萄或淺綠色的葡萄，可以先在葡萄上劃上十字紋的切口，再用手去皮。吃了葡萄以後，在口中的葡萄子可以先放在叉子上，最後再集中放在盤子的一端。

吃草莓時，如果草莓有蒂，可以先用叉子壓住草莓，然後用刀子切下蒂。當然，你也可以直接用手去蒂。

如果水果是葡萄柚，通常會附上鋸齒狀的專用湯匙，可以用這湯匙舀果肉來吃。

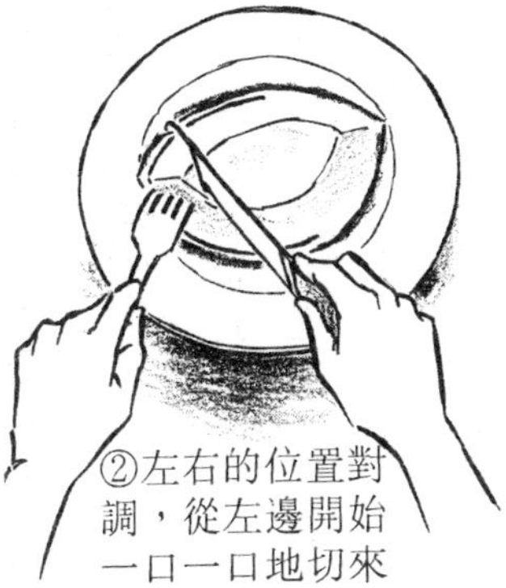

②左右的位置對調，從左邊開始一口一口地切來享用。

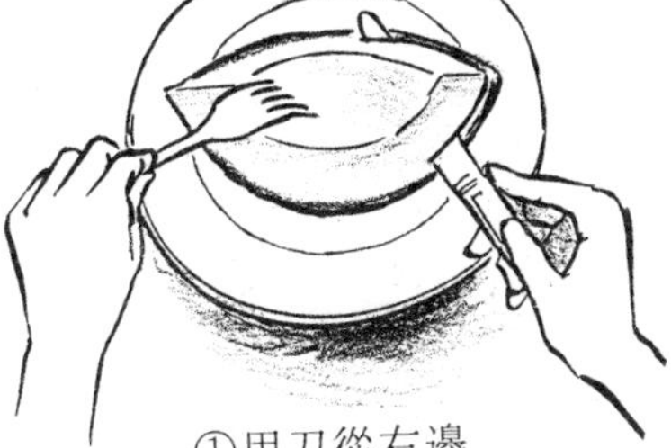

①用刀從右邊切入甜瓜皮與果肉之間。

②沿著切痕把皮剝掉。

①葡萄用水果刀切成十字紋

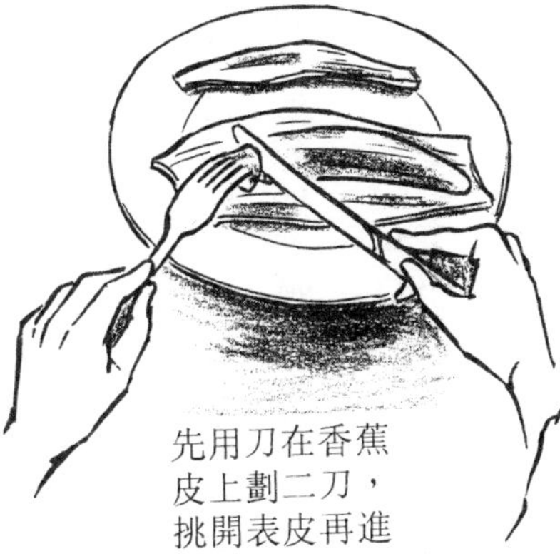

先用刀在香蕉皮上劃二刀，挑開表皮再進食。

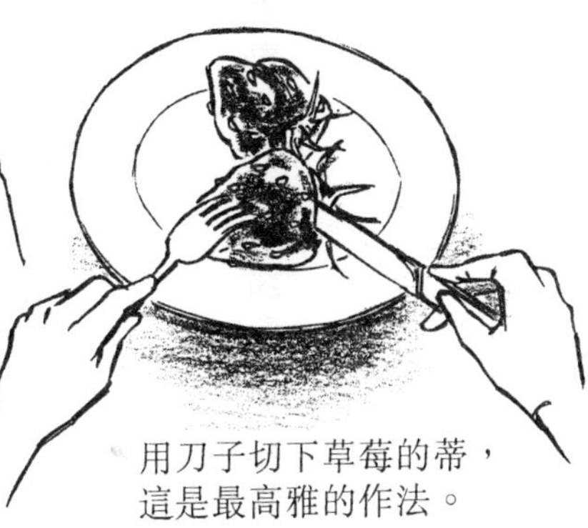

用刀子切下草莓的蒂，這是最高雅的作法。

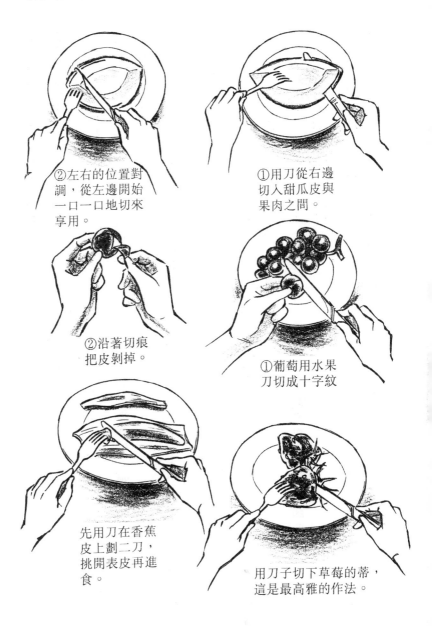

◎使用甜點、咖啡、紅茶的禮儀

蛋糕／冰淇淋

最受女性歡迎的就是蛋糕，通常會用推車推出來。你可以在這之中選擇自己所喜好的糕點。最不容易進食的代表性糕點爲千層派，這是由酥皮派和奶油蛋黃糊交互疊成的糕點。如果切得不好，很可能會破碎不堪。

先把千層派橫放在盤子上，然後用刀子輕壓著左側，將刀子垂直切入派皮中，就能夠很簡單地切入。如果太大塊，可以橫向再切一刀，切成一口大小再享用。

三角形的奶油蛋糕，可以從三角形最頂端的部分開始切食。先用叉子的背部把最尖端的部分切下來，然後再慢慢地往後切食。一般而言，後面的部分可以切成二塊，不要全都切好了再吃。最好是一塊一塊地切下享用。

糕點中有時候也會有冰淇淋，這時候可以用附上的湯匙來享用，通常都不會有問題。會出問題的是冰淇淋所附上的餅乾。

餅乾的作用就是爲了緩和冰淇淋的冰冷感。吃冰淇淋時，如果覺得太冷，可以取用餅乾，把冰淇淋放在餅乾上進食，或者把餅乾混入冰淇淋中來進食。

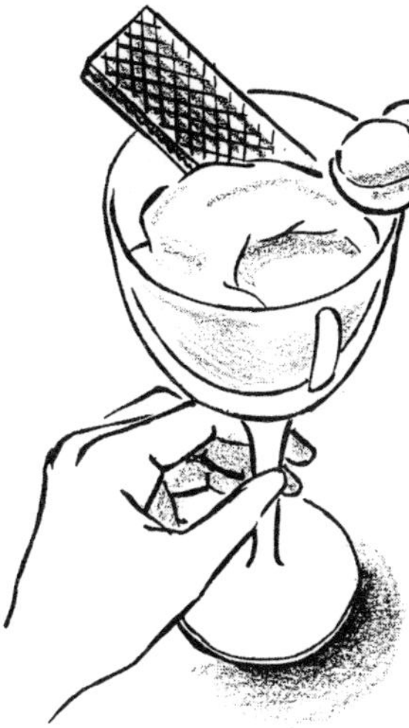

吃冰淇淋時，要從
身前的部分先吃起。

千層派要橫放，
然後刀子垂直切入。

三角形的奶油蛋糕
從尖細的部分開始
吃，可以只用叉子
來切食。

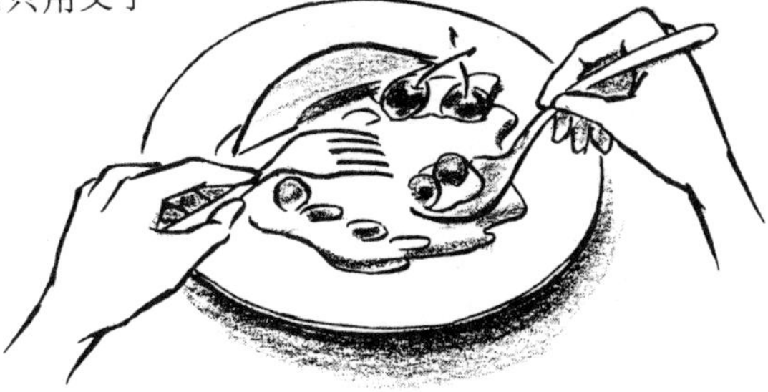

可以用左手的叉子
把附在冰淇淋中的
水果撥到右手中的
湯匙來取食。

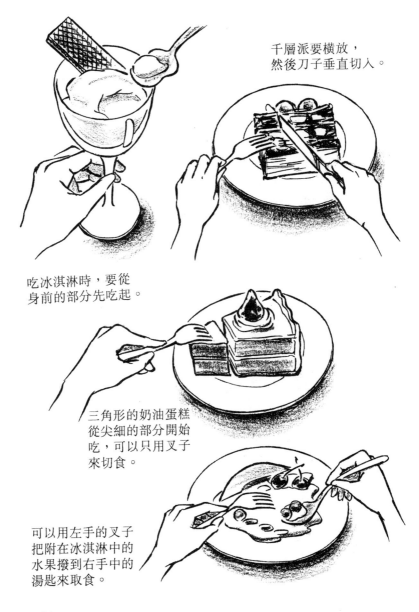

◎使用甜點、咖啡、紅茶的禮儀

咖啡、紅茶的基本知識

◇咖啡

飯後不可或缺的咖啡，具有刺激神經的作用。帶有苦味的咖啡因，是一般人所嗜好的飲料。據說咖啡具有提神、消除疲勞、利尿、鎮痛的效果。

咖啡豆有四種原始種類。生產量最多，品質最優良的就是阿拉伯種。一般在拉丁美洲、亞洲、非洲等都有栽培。非洲的剛果是羅布斯達種的原產地，主要是即溶咖啡的原料。其他還有利比亞種、艾基塞魯撒種，產量較少。

咖啡豆的口味會因產地而各異，通常是依照自己所喜好的口味進行調配。

【巴西】其生產量佔居世界之冠，巴西的聖多士港所輸出的咖啡豆，香味與苦味恰如其分，是咖啡豆中的高級品，酸味較少。

【哥倫比亞】生產量居世界第二位，是最具代表性的溫和咖啡，富有酸味與甜味。

【藍山】這是栽培在牙買加高地的咖啡，生產量較少，而且適當地調和了酸味、甜味與苦味，香氣溢人。這是一般餐廳採用的咖啡豆。

【乞力馬扎羅】在坦桑尼亞的乞力馬扎羅高地所栽培的咖啡，酸味與苦味較強。

【摩卡】摩卡是由阿拉伯半島和葉門高地所出產的，其酸味較強，香味佳。是一種具有獨特風味的高級品。摩卡龍格貝利是伊索比亞所產的。

【爪哇羅布斯達】這是印尼和非洲所栽培的，具有強烈苦味的咖啡。

◇紅茶

紅茶是把茶葉加以發酵、乾燥所製成的，主要的生產地是在印度、斯里蘭卡、肯亞等熱帶高地。因產地的不同，特徵各異。

印度產的阿撒姆茶，色、味濃，香味溫和。印度所產的大吉林茶，富有澀味與獨特的香味。尼爾吉利茶顏色清澄，味道濃厚爲其特徵。斯里蘭卡高地出產烏巴高級紅茶，東非產的紅茶味道濃厚。

根據茶葉的大小而分不同的等級，從大的茶葉開始，依序爲 Orange Pekoe、Pekoe、Brackenorange Pekoe、Brocken Pekoe、Ferming、Dust。

◎使用甜點、咖啡、紅茶的禮儀

飲用咖啡、紅茶的方法

吃法國料理時，一般都會提供味道濃厚的小咖啡杯飯後咖啡。其味濃，一般人會無法接受，這時可以點一般的美國式咖啡。

咖啡端來的時候，杯子的擺設方向會因餐廳而異。杯子的把手向左時，可以把砂糖和牛奶加入杯中。攪拌時，可以用左手輕輕握著把手，固定杯子。

輕輕地用右手攪拌，不可以發出聲音。攪拌好了以後，垂直地拿起湯匙，不可以讓咖啡滴出來，也不能作出甩動湯匙的動作。攪拌以後，湯匙要放在盤子的對側。

飲用時，把杯子轉半圈，用右手拿著杯把，端起來喝。不過，如果桌面較低，要用左手一起拿起托盤。如果只用右手拿起杯子，左手托在杯底，這是非常不雅的行爲。

享用檸檬茶時，檸檬片浮在紅茶上。如果用湯匙壓檸檬片，或是把檸檬片放在紅茶中泡得太久，可能會破壞紅茶的味道，所以把檸檬片泡在紅茶中的時間要適度。從杯中取出的檸檬片，可以和湯匙一起放在盤子的對側，或是就置於湯匙上也無妨。

飲用時，不能夠發出聲音。

要垂直輕輕地提起
湯匙，注意不能把
飲料滴落在杯子外。
要先把方糖放
在湯匙上，再
放入咖啡杯中。
用過的湯匙要
放在盤子的另
一側。
在會客室或會客廳
享用咖啡時，要用
左手端著咖啡盤。
只拿著杯子
飲用。

◎使用甜點、咖啡、紅茶的禮儀

飯後酒的種類和飲用白蘭地的方法

晚餐的壓軸戲就是飯後酒。飯後酒並非非喝不可，只是具有幫助消化的效用，能夠調整翌日的體調。這是飯後的一種餘興節目，所以不必全力嘗試。

最受歡迎的飯後酒是白蘭地。白蘭地是把葡萄酒蒸餾熟化製造而成。這是酒精濃度較高的酒，一般有四十三度。

白蘭地的產地以法國的科浬涅克與阿爾馬涅克爲代表，尤其是科浬涅克這地方所製造的白蘭地，被稱爲「科浬涅克」，爲酒中極品。還有Napoleon、Hennessy、Remy Martin、Camus Courvorsier、Martell等，都是世界著名的名酒。

白蘭地熟化的時間越長，越是好酒，在其標籤上會顯示熟化期間的記號。

一般而言，三星的是三年，V・O（Very Old）爲七～十五年，V・S・O（Very Superior Old）爲十五～二十五年，V・S・O・P（Very Superior Old Pale）爲二十五～五十年，X・O（Extra Old）爲五十～七十年，X（Extra）爲七十年以上。

其他還有利用橘子製成，帶有甜味的烈酒；以及葛郎馬魯尼耶、諾曼第等地方產，用

用雙手捧著白蘭地，有助於使香味散發出來。

飲用前，充分地享受酒香。

蘋果製成的白蘭地和蘋果燒酒，以及用黑櫻桃爲原料而製成的紅櫻桃酒等。

飲用白蘭地的方法和葡萄酒是不一樣的。喝葡萄酒時，爲了避免杯子的溫度升高，必須握住杯腳部分。至於香味非常濃郁的白蘭地，要先用雙手捧著杯子，輕輕搖動杯中的白蘭地。手的熱度會使白蘭地的香味更濃。

使用的玻璃杯也是杯腳較短，弧度呈圓形的玻璃杯。

飲用時，用單手把杯底托在指間，然後把杯子移到嘴邊。飲用前，要記得先聞其香味，然後才慢慢地品嚐。

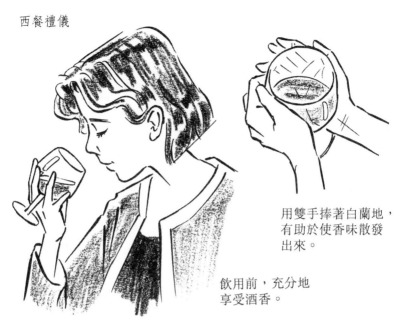

◎各種西洋料理

意大利料理的基本原則

西洋料理不只是法國料理而已。意大利料理被稱為法國料理之母，可見是非常有深度的料理。最適合日本人之口味的是，使用新鮮的海鮮烹飪而成的色澤鮮艷的料理，以及使用非常柔軟的小牛肉作成的燒烤料理，還有麵食、披薩等。

羅馬以南的料理主要是以番茄汁和橄欖油為主，而羅馬以北的料理，像法國式料理，則大都是以奶油或鮮奶油為主。

意大利料理的套餐，一般是從前菜開始，包括用酒和香料調配出來，充滿貝類、烏賊、蝦等的鮮沙拉，還有用醃魚、蛤蜊、酒等蒸煮的料理。其他還有冷的肉餡餅、燒賣的章魚、蛋包飯等各種各類的前菜。

其次就是第一道料理，這時可以先點湯、麵食等消遣性的料理。有豐富的麵食和蔬菜、意大利濃肉汁菜湯、乾奶油、南瓜湯、細麵條、奶汁烤菜、寬麵條等，幾乎是所有意大利餐廳所能看得到的料理。

在此之後才會端上主料理，第一道料理是廚師的工夫料理，所以分量也很重。

主料理包括肉料理和魚料理，也稱作第二道料理。一般魚料理是使用白肉魚來燒烤，或用奶油燒烤的魚料理，經常會使用大頭魚、鱸魚、笛鯛魚、比目魚等。

肉類的材料也很多，例如：奶油燒烤小牛的T型骨排、燒烤腿肉（附有脛骨的肉）、肝、牛胃、雞肉、豬肉、羊肉等，會因季節的不同，而提供兔子、山豬等野味。使用烤、奶油煎、燒、煮等不同的方式，調理出各種美味料理。

此外，意大利的葡萄酒也很著名，可以和飲料總管商談，選擇適合料理的葡萄酒。

◎各種西洋料理

意大利麵／三明治

◇意大利麵

吃意大利麵時，可以使用叉子或和湯匙一起來進食。如果是湯汁較多的意大利麵，可以使用湯匙和叉子來享用最適當。

只用叉子來吃麵時，可以把叉子插入面前的盤子裡，轉二～三圈，把麵捲起來。這時要注意一次不可以捲太多，最好是捲起的麵量爲一口的分量。

要避免使捲好的意大利麵條掉落，最好是捲好了再享用。不過，要注意不是像吃日本麵一樣，用吸的方式來吃。如果使用湯匙和叉子時，可以用湯匙取出一口分的麵條，然後再用叉子捲起享用。這時候，要注意避免讓湯汁濺出。

◇三明治

如果是一口大小的三明治，一般都會用大盤子盛裝，可以直接用手取用。如果三明治用牙籤固定，就要先取下牙籤再取用。如果三明治所夾的食物非常多，這是屬於大的三明治，必須先用刀叉切成適度大小，然後才享用。

你可以使用叉子，
或者湯匙、叉子
並用地來享用意
大利麵。

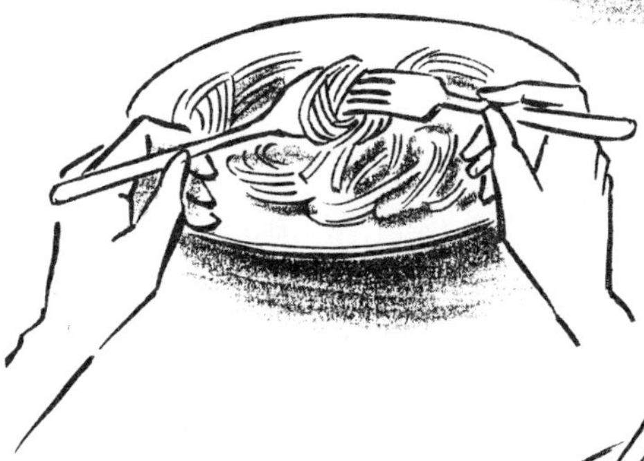

享用三明治時，
一般是用手取食。

大片的三明治可以
用刀叉切食。

◎各種西洋料理

魚蟹羮／燒溶料理

◇角蟹羮

魚蟹羮本來是地中海沿岸的漁民們把當天捕獲的魚下鍋，烹煮而成的充滿野趣的料理。魚蟹羮的材料主要是白魚、大頭魚等魚類，以及蝦子、軟殼貝等，再加上番茄。洋葱等蔬菜，加以燉煮而成的料理。這種料理要注意的是魚都有骨頭，蝦子和貝類還有殼。

享用魚蟹羮時，會附上魚料理所使用的刀叉和裝骨頭等的盤子，盡可能用刀叉去除骨頭和殼等，然後再享用。吃這些食物時，要使用刀叉。如果要喝湯時，則必須放下刀叉，用湯匙來喝湯。這一點要特別注意。

這是充滿野趣的料理，所以用刀叉仍無法去除殼時，直接用手取用也不違反禮儀。

◇燒溶料理

在專用的桌上鍋中加入油以後，再把串起的肉等放入鍋中，然後再享用。這是奶油燒溶料理。如果在鍋中先使起士溶化，然後再用鐵串串起麵包，沾上鍋中的起士享用，這就是起士的燒溶料理。

起士的燒溶料理可以直接沾起士糊享用。但是奶油的燒溶料理必須要先取下鐵串上的食物，然後再用刀叉取食享用。

①享用魚蟹羹時，盡可能用刀叉來去除骨與殼。

②可以用附上的麵包沾著湯汁來享用。

①享用燒溶料理時，可利用穿插法以避免食物掉入鍋中。

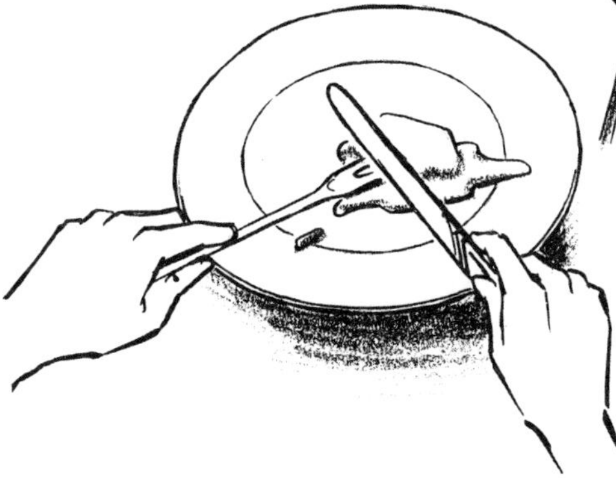

②串上的食物非常燙，所以取食時要非常注意。

專　欄

俄羅斯茶和奶茶

俄國式湯、俄式炸麵包與俄式燉牛肉是衆所周知的俄國料理。除此以外，就是著名的俄國式的茶，這是加入果醬的紅茶。一般會端出一盤果醬與一杯紅茶出來。日本人會以砂糖代替果醬，放入紅茶中，具有酸甜的風味。實際上，正確的用法並不是把果醬放入紅茶中，而是用湯匙舀起來吃。一邊吃果醬一邊喝紅茶。因此到俄國的飯店用早餐時，送上來的果醬是用來配紅茶的。

飲用紅茶最頻繁的英國，如果你點茶時，送上來的會是奶茶。這種奶茶是如何調製出來的呢?有的是先加牛奶和砂糖，有的是先加紅茶，有的人則是一手牛奶一手紅茶地同時加入杯子。日本則是先倒紅茶，其實並沒有正式的調製方法。

PART 2

日本料理的禮儀

◎座席的禮儀

座 席

現代人並非只有在日本料理店才能吃到日本料理。因爲朋友的款待，在家裡接受日本料理的招待的情形也不少。另外，也有到至親好友家，或是上司、親戚、男女朋友家中接受款待的情形，這種緊張的場面也不少。

不只是在料理店，甚至於在拜訪至親好友家中時，都會遇到被接待進入座席的情況。在此，試簡單介紹如下。

◇在玄關要脫下外套

拜訪別人時，要在進入玄關以前先脫下外套，拿在手上才按門鈴。如果是拜訪較親近的友人，可以在進入玄關以後再脫。在料理店必須要在玄關脫下外套，寄放在衣物組。如果這家餐廳沒有衣物組，可以拿到座席去，放在房間一端的「雜物櫃」中。

◇上玄關時

拜訪的時候，最能表示尊敬的方式就是正面向著玄關，身體保持直立而上。然後向後轉，蹲下來彎曲膝蓋，把鞋子擺正，放在玄關旁邊。

臀部對著對方
是非常失禮的。
鞋子所朝
的方向必
須要一致。

如果不是第一次拜訪，脫鞋時鞋子的方向要正確。如果身體向後脫鞋沒關係，不過要注意別把自己的背後對著對方。

到日本料理店時，必須面向玄關而上，會有專門的人員幫你把鞋子擺正。

◇優雅的走路方式

優雅的走路方式並不少，平時要用心注意爲秘訣之一。

要先伸直背肌，走路的步幅要稍微小一些。女性穿著和服時，要稍微呈內八字，腳尖要往前踏出，輕緩走路，不可以讓人看到腳底。走路時，要呈一直線才優雅。

如果在走路時發出聲音，是違反禮儀的行爲。同時，也要注意不要踩踏到榻榻米邊緣。

◎座席的禮儀

對座時／敬禮時

◇座席

在料理店入席時，要輕聲說：「對不起。」打聲招呼，然後跪坐，說一些感謝招待的致謝辭。然後就可以到你自己的座位入席。有時候是日本式的跪坐情形，有時候則是有桌子的情形，必須要依靠自己的座位入座，不可隨意入座。

◇跪坐時

跪坐時，先以慣用的腳往後退一步，然後彎曲膝蓋，再把另一隻腳的膝蓋靠攏。雙腳的腳尖和膝蓋要併攏，臀部置於雙腳的腳跟上，然後交疊腳拇趾。女性的雙腳隔一個拳頭的距離，男性則約大腿相隔一個拳頭。不過，穿著迷你裙時，最好是雙膝併攏，比較優雅。

跪坐時，要伸直背肌，下巴輕輕往內縮，這是最優雅的跪坐姿勢。

◇鞠躬的方法

鞠躬時，上半身的整體直到腰部都彎曲。一般鞠躬的角度是三十度。在舉行儀式後，表達尊敬之意的行禮，是彎曲四十五度左右。雙手置於膝前，呈八字形。

跪坐時，單腳
彎曲，先踮起
腳跟，然後再
蹲下。
不講究排場的
座席上，這樣
鞠躬就可以了。
在打過招呼以後，
就把薄禮拿給對方。
禮物要朝著對方，
雙手捧上。

◎座席的禮儀

使用座墊/日本房的席次

打過招呼以後，主人會拿出座墊來。使用座墊時，保持雙膝和腳尖著地的姿勢，雙手壓著座墊的前端，然後膝蓋往座墊的前端移動。以這種方式坐至座墊的中央，面向正面而坐。桌子和身體相距一個半拳頭的距離，最爲適當。

腳底踏在座墊上爲一大禁忌，要注意不可以站在座墊上或踏在座墊上。還有，不可以移動座墊的位置或把座墊翻過來，這都是不合禮儀的。

◇日本房的席次

和洋式房間一樣，座席分上座與下座，席次的上下關係非常明顯。如果是親密的朋友之間的聚會，不需要特別注意。但是如果是款待客人或輩分較高的人，就要考慮到上座與下座的安排。上座與下座的關係，會因房間的不同而有所差異。越是合乎以下條件的，就越是屬於上座。與這些條件相反的，就是屬於下座。

·在壁龕前　·掛畫軸的地方　·宴席的正面　·離入口較遠處
·壁側　·可以看見庭院和窗戶的地方　·面向正面的右側

坐椅墊時，先是膝蓋先上，然後以膝蓋慢慢地往前挪到椅墊的中央，再坐下。

不可以
踏在椅墊上。

和室的席
次如下

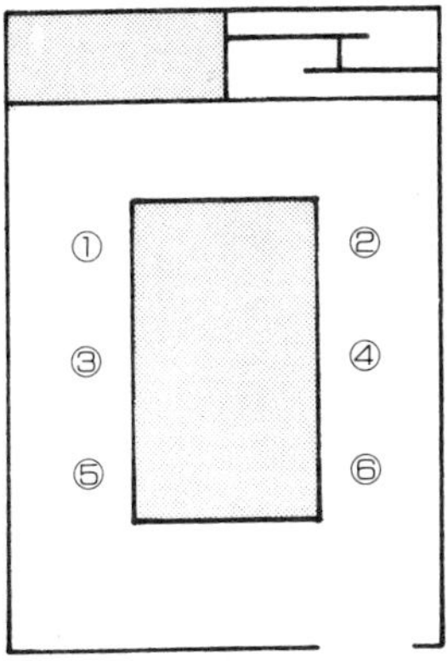

◎用餐前

日本料理的各種形式

日本料理在形式上分爲「本膳料理」、「懷石料理」、「精進料理」等三大類。此外，本膳料理簡化成爲「會席料理」。在此，試針對這些料理作簡單的說明。

◇本膳料理

「本膳料理」是傳統的日本料理。這種料理可追溯至足利義滿時代，有悠久的歷史，是現代和食料理可追溯的基礎。一人分的料理置於餐盤上，一次一起端出來。基本上是一湯三菜，較豪華的有二湯三菜、三湯七菜等。最高級的是在餐盤上一次陳列五道菜。

本來本膳料理是最高級的宴客料理，有獨特的儀式，所以用餐時間很長。隨著時代的潮流而逐漸沒落，現在只能夠在宮中的儀式或地方上的婚禮看得到。

◇會席料理

本膳料理爲其元祖，這是配合現代生活加以簡化的日本料理。在料理店經常能看到簡化的「會席料理」。這是從本膳料理中獨立出來的酒宴部分，專以飲酒爲目的的料理。

配合本膳料理的主流，依其形式而成爲內容充實的日本料理，本膳料理因而更爲普遍化。會席料理和本膳料理一樣，一般有一湯三菜、一湯五菜、二湯七菜等，可以根據自己的預算來增加料理的數量。這種料理根據四季素材的調配，不只是味道，配色更是能夠怡人眼目。色彩豐富，調和各種素材，再配以各種豪華器具與利用各種調理法，作出這種高級料理。高格調的料理店偶而會把料理一道一道地端出來，而本膳料理風是在一開始的時候，就把所有的料理端上桌。

◇懷石料理

也許你對「懷石料理」耳熟能詳，這是和茶道的茶並用的料理。因此，懷石料理不像會席料理一般豪華，因爲主要的重點在於料理之後的濃茶。這是在喝茶之前，爲了塡充空腹的輕便食物。基本上，懷石料理是一湯三菜，以及箸洗（淸湯）、八寸（酒菜）、酒等。料理是一道一道地依序端上。

現在提供正統的茶懷石料理的料理店較少，而採用懷石爲名的懷石風味的料理較多。

◇精進料理（素食）

除此以外，就是鎌倉時代道元禪師所創的「精進料理」。

這是完全不使用魚、肉，而以蔬菜爲主的料理。本來是僧侶的飯食，但是在料理店偶而也會因爲法事而提供精進料理的服務。

◎用餐前

平常的飯桌也通用的日本料理的配置

日本料理的配置和平常的飯桌是通用的。在家中款待客人時，也可以遵照這種原則。日本料理的基礎爲一湯三菜，餐盤置於前端，右邊放湯，左邊放飯，中間放醬菜。對側的左方放燒煮的食物，右側放生魚片等。烤魚放在餐盤的後面，筷子置於餐盤前。

其次，在本膳料理時，可以參考看看。三湯七菜是最高級的料理，一般共有五道菜放在餐盤上。

首先，正面是「本膳」，其中有湯、飯、醬菜、酸醋食物，以及一壺蒸煮的碎魚肉、右手邊的「二膳」有湯，以及一小杯的涼拌物、一小盤燒煮的菜。左手邊的是「三膳」，有湯、生魚片和醬汁（生魚片的醬）。後方右邊則是帶有頭尾的烤大頭魚，爲「四膳」，左手邊的「五膳」則包括魚、栗子泥、魚糕、煎蛋等。四膳或五膳都使用土產的材料。

把所有的料理全都放在一個餐盤上，這叫做大名膳。膳盤的左側放有玻璃杯，右側是湯，中央是前菜、生魚片、天婦羅、呈縱向排列。右邊是燒烤的食物、蒸的食物，左邊是煮的食物和沾醋的食物並列著。

〈一湯三菜的配膳〉

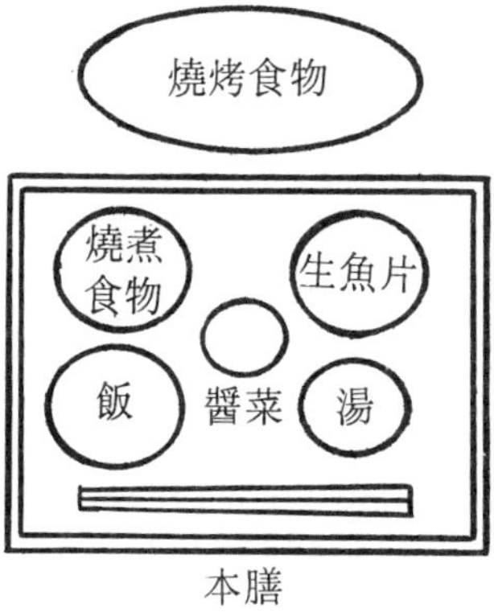

本膳

〈三湯七菜的配膳〉

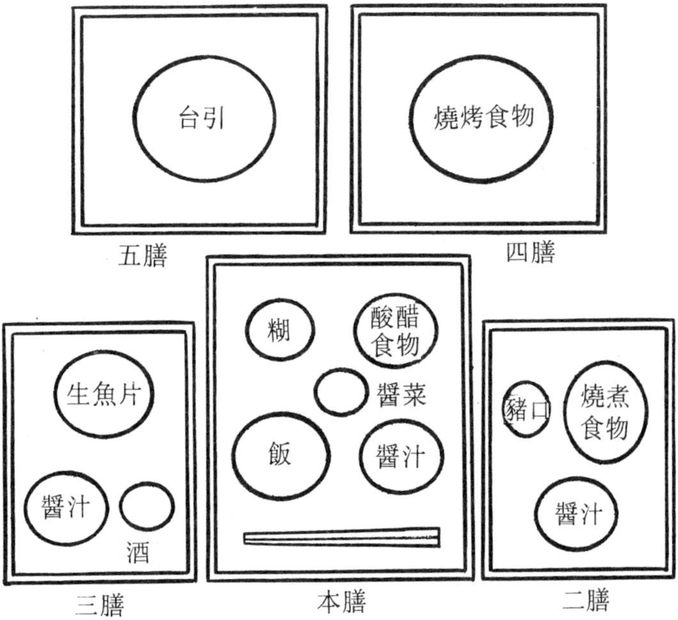

◎用餐前

會席料理的內容和菜單

會席料理和西洋料理相同，由前菜開始，最後是水果。料理的順序具有引起食慾與提高味覺的效果。

①前菜　酒菜。一盤由三種、五種、七種主菜混合而成，都是季節性的珍肴，是味覺與視覺的一大享受。

②湯　吃料理之前，喝湯具有清除前菜和酒味的效用。

③生魚片　是一種生的食物。

④燒煮食物　燒煮方式各有不同。關東風味的味道較重，調理時是收乾汁液。關西風味則較淡，醬汁較多。一般的會席料理以關西風味較多。

⑤烤的食物　直接用火烤魚，以及加入醬料的燒烤方式，還有西京的燒烤方式等等，大都是利用魚貝類與加入蔬菜的燒烤料理。

⑥炸的食物　當季的魚和蔬菜的油炸料理，例如天婦羅等。

⑦蒸的食物　茶碗蒸、鳴鏑蒸、酒蒸、土瓶蒸等。依材料的不同，有時會當作燒煮料理或燒烤料理出現。

⑧酸醋食物　新鮮爽口，可以增進食慾。

⑨飯

⑩湯　味噌湯

⑪醬菜

⑫水果

菜單一例

前　菜	五三竹八寶醬菜　魚卵西京醬菜　紅白梅
湯	鯛潮仕立　黃身白玉　香芽
生魚片	鮪魚　松皮大頭魚　卷蝦　五味菜
燒煮食物	筍　山藥　竹麩　菊胡蘿蔔　香菇　豆莢
換口食物	龍蝦奉書卷　金箔松葉豆　雞博多絲 涼拌真砂蛤蜊　季節細工麩　雙胡瓜
燒烤食物	春子大頭魚化妝燒烤　生薑　菊蕪菁
油炸食物	油炸蝦子　杏仁蟹爪　蔬菜　紅蘿蔔泥 美味汁　檸檬
蒸煮食物	茶碗蒸
酸醋食物	錦絲卷 蛇腹胡瓜 市松蕪菁 海蜇 土佐酢
飯	栗子飯　醬菜
留　椀	昆布仕立　當歸　嫩芽　針嫩薑
水　果	甜瓜

※在「前菜」前，會有一盤裝有鹹辣食物與乾料理的食物，即所謂的「先附」。
「口替」也可以稱為「箸休」與「中皿」，即清口之意。
「留椀」亦可稱作「止椀」，即味噌湯。

◎用餐前

拿筷子的正確方法和使用法

吃日本料理時，最初要先了解的就是拿筷子的正確方法。在此，再次確認一下你拿筷子的方法。

一般而言，筷子會橫放在你的面前。有時候會放在筷袋裡，有時候則置於筷架之上。如果是放在筷架上，先用右手的拇指、食指、中指拿起筷子，然後左手拿著筷子中央稍微偏左處，從下面扶住筷子。接著右手往右邊滑動至筷子的右端，握在筷子下方稍微中央往右處。這是正確的拿法。使用時，用拇指、食指、中指移動上側的筷子。移動下側的筷子或二隻筷子交叉，是不正確的方法。

如果筷子是放在筷袋中時，首先用右手一起拿起袋子，在膝上把筷子拿出來，再把筷子放在筷架上，這時折疊筷袋置於左側。沒有筷架時，可以把筷袋摺出形狀，當作筷架來使用。用餐結束以後，可以把筷子的前端插入摺成形的筷袋之中，會比較好看。

如果是需要張開的竹筷，這時可以把筷子拿近身體，然後上下分開。分開後的筷子必須要先放回餐盤以後，再拿起來取食，才符合禮儀。

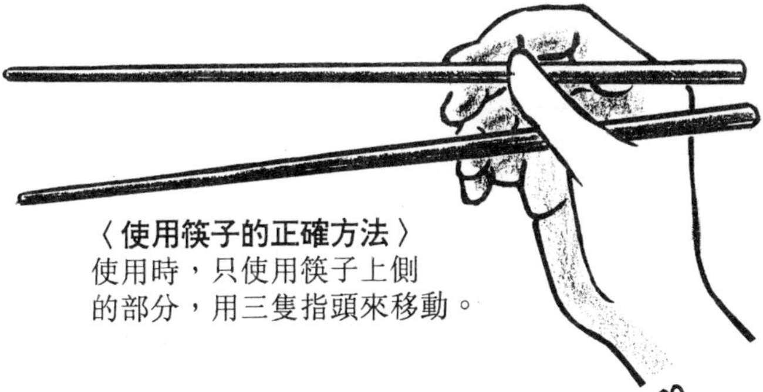

〈使用筷子的正確方法〉
使用時，只使用筷子上側的部分，用三隻指頭來移動。

〈取用筷子的方法〉
①用右手拿起筷子，再用左手扶著。

如果没有筷架，可以把筷袋摺起來，當作筷架來使用。

②用右手好像扶著筷子的下方一樣。

③正確地拿好以後，放開左手。

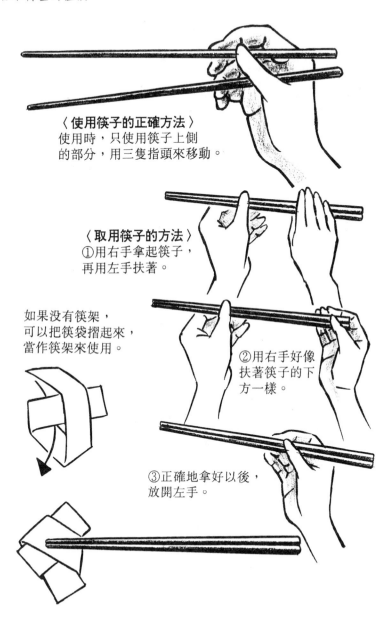

◎用餐前

不能如此使用筷子

【掏筷】筷子當作牙籤使用，用來清除牙齒。

【沾筷】不取食已經用筷子沾過的東西，而取用其他的食物。

【探筷】筷子伸入盤底尋找食物。

【迷筷】在盤子右盤子之間游動，不知道要選擇哪一種食物。

【挪筷】用筷子把遠處的盤子拉近自己。

【刺筷】用筷子當作叉子來穿刺食物。

【撿筷】二個人同時用筷子夾用相同的料理，和日本的撿骨儀式很像，所以是犯忌的行爲。

【淚筷】夾取燒賣或湯汁多的食物時，湯汁到處滴。

【揪筷】舔食沾在筷子上的飯粒，是禁止的行爲。筷子髒時，要用手或懷紙去除。

【含筷】吃了食物以後，把筷子含在嘴裡，或是舔著筷子。

【押筷】口中塞滿料理時，用筷子塞壓。

【揮筷】任意揮動筷子，並用筷子指著別人說話。

【跨筷】放下筷子的時候，筷子放在碗的邊緣。

【耙筷】嘴湊在碗邊，直接用筷子把料理耙入嘴裡。

撿筷
挪筷
含筷
淚筷
迷筷
探筷

◎用餐前

享用日本料理時，必須要注意的禮儀

享用日本料理時，要特別注意以下的事項：

◇取用餐盤或傳餐盤時，必須要使用雙手，要注意不可以用單手。

◇要先把傳過來的餐具放在桌上或盤子上，然後再用雙手取用。如果沒有放在餐盤就直接吃，即所謂的「受食」，是反禮儀的。

◇不可揮動筷子。

◇分開筷子時，必須要往自己的方向拉。如果筷子上面有木屑，必須要用自己的手拿掉。

◇如果是綜合料理，取用時要小心，不可以破壞配菜的平衡。使用前菜時，要按照左、右、中的順序來動筷，如果從料理的中央下筷，是違反禮儀的。

◇用餐時，不可以發出聲音。不過吃麵時例外，可以發出聲音。

◇剩下的食物或魚骨等，要放在盤子的一端。

◇用餐中，不要用手摸頭髮或腳，摸了跪坐中的腳再取食，是不當之舉。

日本料理的禮儀

用雙手取用餐具，
即使是小餐具也必
須要用手托扶著。
筷子髒了，不可以
用舌頭舔食，必須
要用懷紙擦拭。

◇要伸直背肌，注意不要以「狗吃飯」的姿勢來進食。

◇在料理店中，一般座席都是互通的，所以最好是選擇容易跪坐的衣服。如果能夠選擇蓋住腳部的長裙最適合。

◇可以把皮包放在桌下，如果沒有桌子，可以放在身後。

◇使用牙籤時，左手拿著懷紙遮住嘴部，不過不要使用牙籤較好。

◇懷紙是在茶道時，常使用的小東西。享用日本料理時，這也是非常重要的物品。享用烤魚時，可以用懷紙來壓住魚頭。取用料理時，可以當作盤子來用。當筷子沾上米和食物時，可以用懷紙來擦拭。一般可在超級市場的茶道道具專賣場和茶道道具專賣店買到懷紙。

◎用餐時

前菜和酒一起

前菜是在主菜之前，當作酒菜一起出現的，一般也稱作小菜、酒菜。通常都是一些季節性的山珍海味，一盤中有三種、五種、七種食物。這是下酒菜，所以最好是和酒一起享用。下一道料理被端上桌時，要先享用料理，前菜可以在之後才用。

享用由多種食物配置而成的前菜時，取用時要注意不要破壞了其配置。不可以從中間下筷，要從左邊的料理開始動筷，然後是右邊，最後才是中間的料理。直到最後要保持盤中配置的整潔。

醬烤串燒是利用串籤串起的料理。剛開始時，先用左手拿著串籤，然後用筷子壓著串上的食物，把串籤拔起。在料理店時，要小心不可以直接拿起手邊的串燒來啃咬。

取用醬烤串燒時，可以用筷子或取下的串籤把食物切成一口的大小，然後再取食。取食時，可以拿著懷紙放在食物下面，看起來會比較優雅。吃完以後，把串籤放在盤子的另一側。用懷紙包起來，看起來會比較乾淨。

一般而言，蓴菜都是放在高腳玻璃杯或小鉢中。進食時，先用雙手靜靜地拿起器

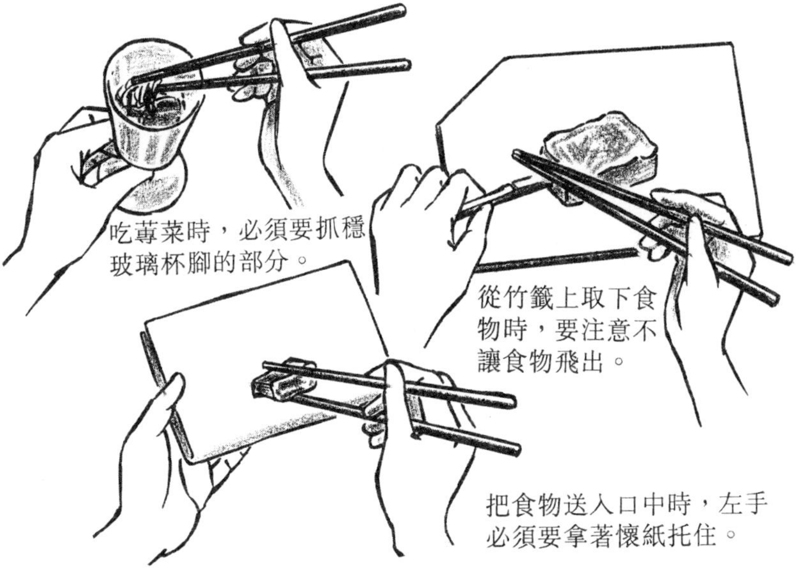
吃蓴菜時，必須要抓穩
玻璃杯腳的部分。
從竹籤上取下食
物時，要注意不
讓食物飛出。
把食物送入口中時，左手
必須要拿著懷紙托住。

皿，然後用左手拿著器皿。通常高腳玻璃杯是拿著杯腳的部分。

拿好了器皿以後，再用右手拿著筷子，並把筷子的前端掛在左手手指上，拿好筷子。

大塊的食物必須要在盤子上或餐具中，用筷子切成一口大小再享用。如果大塊的食物咬過以後再放回盤中，食物會留下齒痕，是失禮的行爲。

用筷子把食物切一口的大小再送進嘴裡，是基本的作法。但是像魚糕這種很難切的食物，也可以用咬的，只是要把有齒痕的那一邊往下擺置。

吃完以後，把所有的餐具放在餐盤中，再把餐盤稍微往後放，即表示「請收下」之意。

◎用餐時

輕易地打開碗蓋的秘訣

前菜之後就是湯。用湯時，要先打開碗蓋。用左手輕輕地扶著碗，右手的拇指和食指抓住蓋子的底托，然後以由前向後的方向翻開蓋子，並把蓋子的水滴滴在碗的對側。滴盡水滴時，可以把碗蓋靠近碗的邊緣即可，不可以甩蓋子。

取下的蓋子拿到身前，放在餐盤的右側。這時用左手輕輕托著。

如果無法順利地取下湯碗的蓋子，可以試著用右手抓著蓋子的底托，而左手用力夾住湯碗，這時湯碗和蓋子之間會有空隙，空氣跑出來就能很輕易地打開碗蓋。如果再怎麼努力也無法打開，就不需要勉強，而可以請服務人員代勞。

放下碗蓋之後，用雙手把碗托起，然後用左手拿著湯碗，用右手拿起筷。輕輕以碗下左手的手指撐著筷子的前端，然後用右手拿好筷子。可以一邊喝湯一邊享用湯中的食物，這時要注意不可以發出聲音。

用完以後，把放在右側的碗蓋蓋上。雙手拿起碗蓋，然後和打開碗蓋時一樣，用右手的拇指和食指抓住底托。

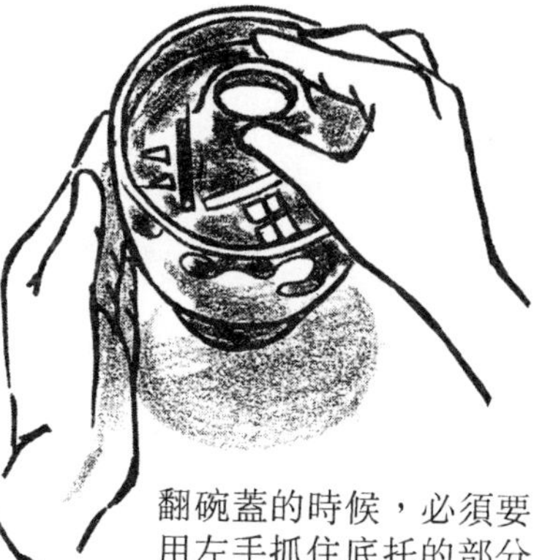

翻開碗蓋時，必須要
立起碗蓋，把碗蓋中
的水滴乾。

翻碗蓋的時候，必須要
用左手抓住底托的部分，
然後再翻開。

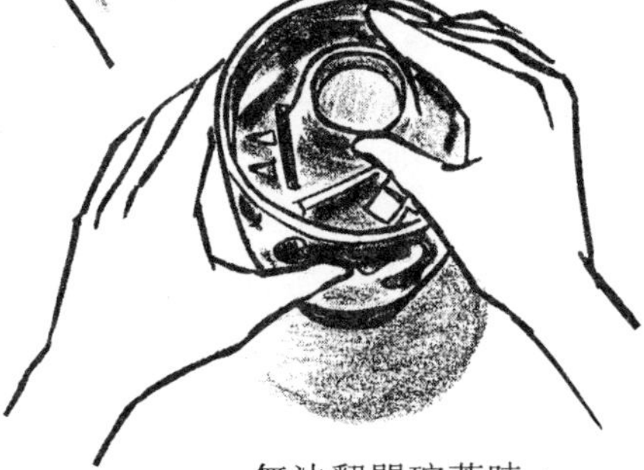

無法翻開碗蓋時，
用左手夾住碗。

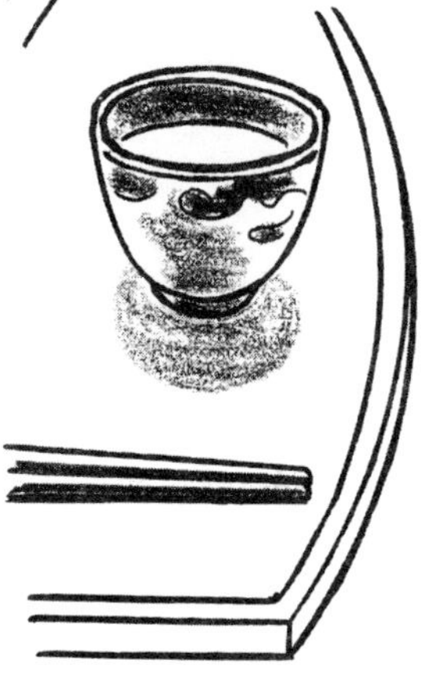

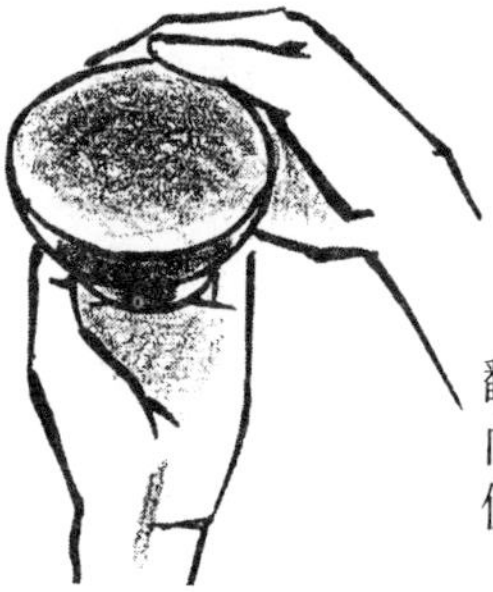

翻起碗蓋以後，
向上放在餐盤右
側外面。

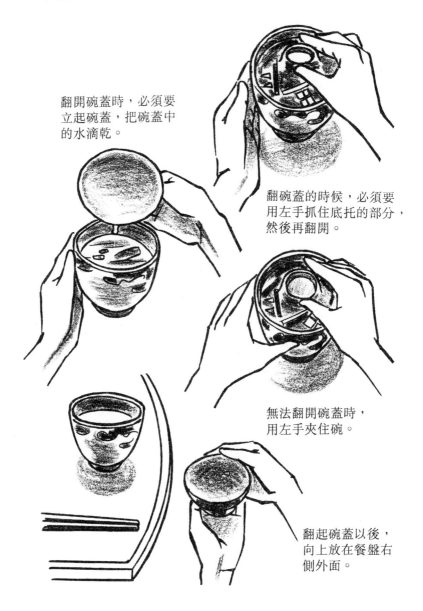

◎用餐時

生魚片直接沾山葵（山萮菜），不要把山葵直接調進醬油中

最具代表性的日本料理是生鮮的魚貝類，也就是生魚片。

一般而言，生魚片是每人一分。在宴席中被當作豪華的主要料理，有時候是數人分的生魚片被裝在大盤子或船形的盤子中上桌。

在此，先了解如何享用一人分的生魚片。

一人分的生魚片，通常是裝著二～三種生魚片。從左側開始是白肉的大頭魚或比目魚，中央的是紅肉的魚類，右側的是貝類。進食時，要先吃淡味而爽口的白肉魚，其順序爲白肉→貝類→紅肉，或是以左→右→中央的順序來吃，味道是由淡至濃，所以可以充分品嚐其美味。

享用生魚片時，不可或缺的就是山葵與附帶的一小盤醬油。通常醬油是使用純醬油，大都使用土佐的醬油。

沾山葵時，不要把山葵容入醬油中。要先把少量的山葵直接抹在生魚片上，然後再沾上醬油。醬油要直接沾在生魚片上。

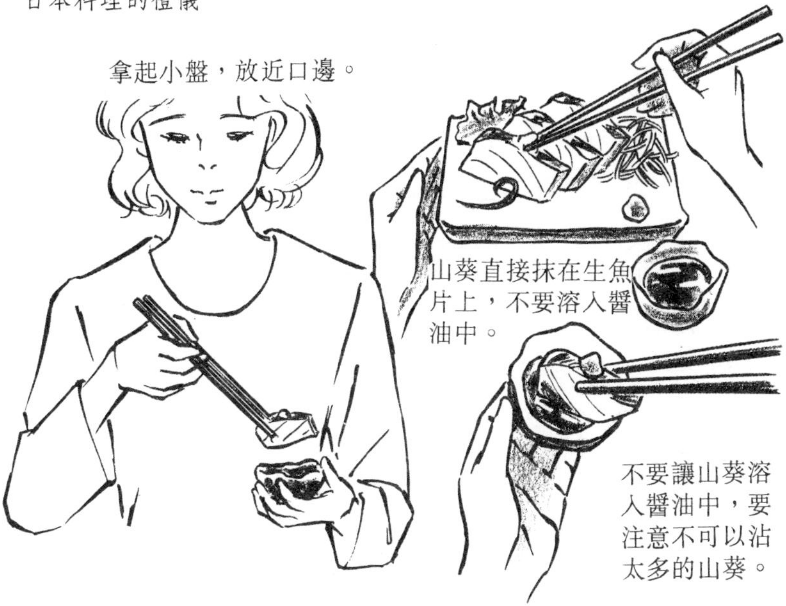
拿起小盤，放近口邊。
山葵直接抹在生魚片上，不要溶入醬油中。
不要讓山葵溶入醬油中，要注意不可以沾太多的山葵。

如果一開始就把山葵溶入醬油盤中，這時會使山葵的獨特香味喪失，同時也無法調整其辣味。如果沾太多的醬油，生魚片本身會失去味道。

享用時，可以用手托著醬油小盤，要注意避免使醬油滴落。如果不托著小盤，可以用懷紙。

通常生魚片是平切的，然而鯡魚和針魚是細長的魚類，所以一般是使用細切的。細切的時候，一開始時就已經沾上了佐料汁。

這時，輕輕地混勻盤中的生魚片和佐料汁，然後托著盤子享用，以避免佐料汁滴落。如果佐料汁是另用盤子盛裝上桌，吃法和一般的生魚片一樣。當然，你也可以直接淋在生魚片上來吃。

◎用餐時

燒煮的食物要切成一口大小再享用

燒煮的食物常會盛在鉢、盤、碗，有的會附有蓋子，不一而足。

如果是附有蓋子的餐具，就要先取下蓋子。這和用湯時一樣，抓著底托把蓋子翻起來，放在餐盤外的右側。如果沒有附上餐盤，可以將之置於右邊。還有，這蓋子也可以在要把食物送進嘴裡時，當作托盤來使用。

湯汁較多的食物，爲了避免使湯汁滴落，可以把餐具端起來進食。享用湯汁較少的食物時，可以不必端起。

大塊的食物要先在餐盤中切成一口大小，才夾進嘴裡享用。如果無法用筷子切，也可以咬食。不過，這時要記得用懷紙。如果沒有懷紙，要記得用左手掩嘴。

燒煮的料理中，常會有燉煮芋頭。芋頭難以用筷子夾食，這時即使是一口可以吃下的芋頭，也先用筷子切成一半，以便於夾食。這時要注意不要用筷子戳食物。

另外，也可以用剩下的美味湯汁。飲用時，要先放下筷子，用雙手捧起餐具飲用。吃完以後，必須要把蓋子蓋好。

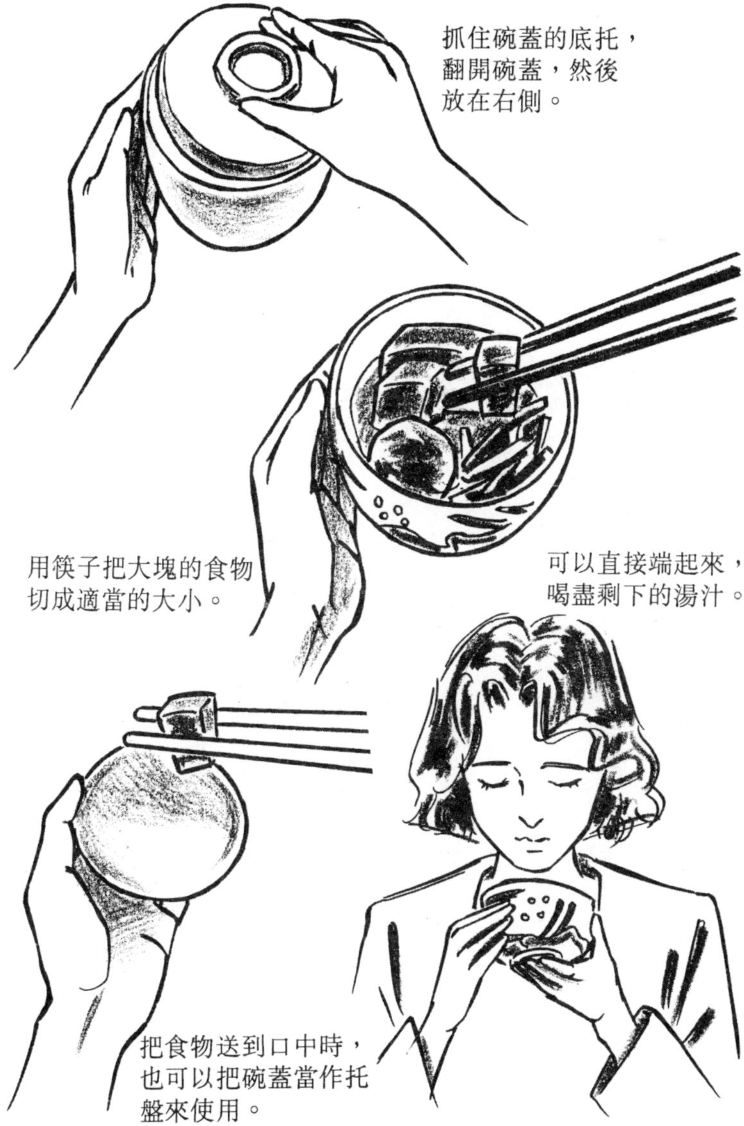

抓住碗蓋的底托，
翻開碗蓋，然後
放在右側。

用筷子把大塊的食物
切成適當的大小。

可以直接端起來，
喝盡剩下的湯汁。

把食物送到口中時，
也可以把碗蓋當作托
盤來使用。

◎用餐時

燒烤的食物〈吃附有頭尾的魚的方法〉

燒烤的食物一般都是附有頭尾的整條魚，或是一整片魚。有時候，是在烤爐上放著魚貝類和蔬菜，最麻煩的是附有頭尾的魚。要吃得乾淨，又能保持餐盤的清潔，需要很高明的技術。通常，魚頭是擺在左邊，魚尾置於右側。剛開始時，要從頭部肩部的部分吃到尾部。如果下筷時發現魚不太穩定，可以用懷紙壓住頭部來夾食。吃完了再吃腹部，也利用相同的方式來進食。

吃完上面的魚肉以後，接著就吃下面的魚肉，這時不可以把魚翻身。先用左手壓著魚頭，然後用筷子夾起中間的骨頭，使骨頭和魚肉分開，然後再夾住尾部，剝離魚骨和魚頭。夾在盤子的對側，然後開始吃下面的魚肉。

吃完以後，要把魚骨和魚皮集中於一處，再用懷紙蓋起來，看起來會比較整潔。

如果盤中有切成圓片或四分之一的檸檬，或是生薑等的裝飾，則可以把切成圓片的檸檬放在魚上面，用筷子把檸檬汁壓出來。擠壓適當大小的檸檬時，可以用左手遮住，預防檸檬汁四濺；還有生薑是最後才吃的。

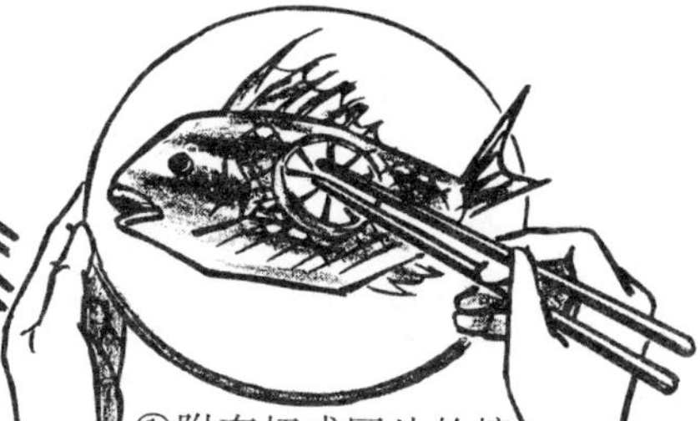

①附有切成圓片的檸檬片，把檸檬片放在魚肉上，用筷子壓出檸檬汁。

②用懷紙壓住魚頭，開始享用肩部的魚肉。

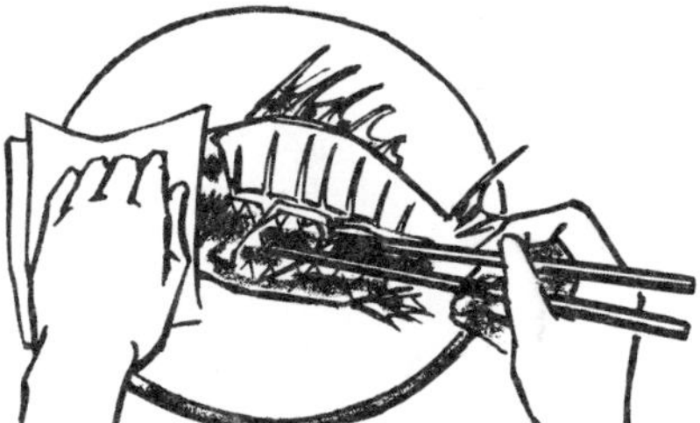

③用相同的方法享用下半部。

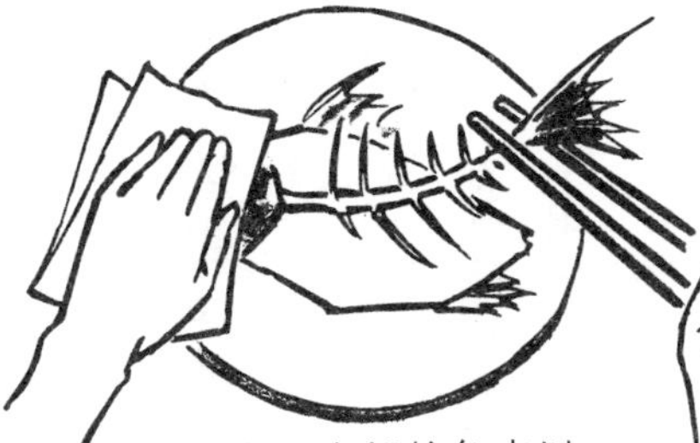

④吃完上半部的魚肉以後，用筷子夾起魚的尾部，使魚骨和魚肉分開。

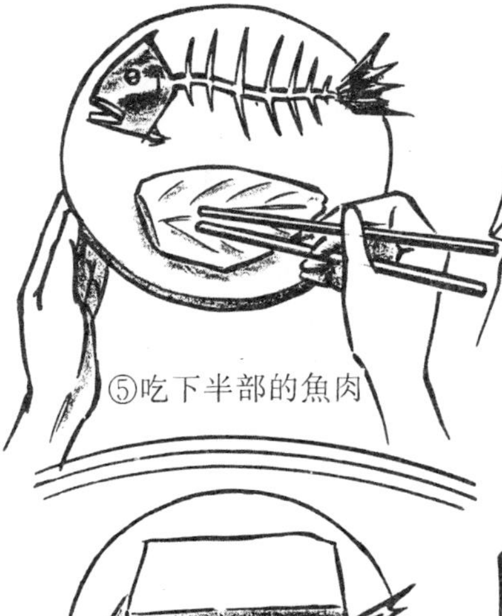

⑤吃下半部的魚肉

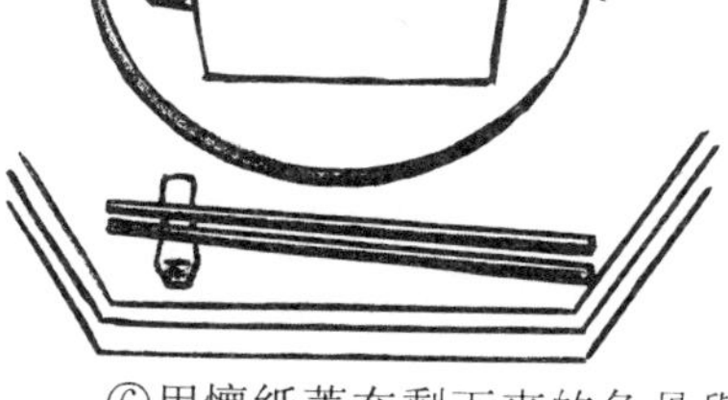

⑥用懷紙蓋在剩下來的魚骨與魚頭上，看起來會比較整潔。

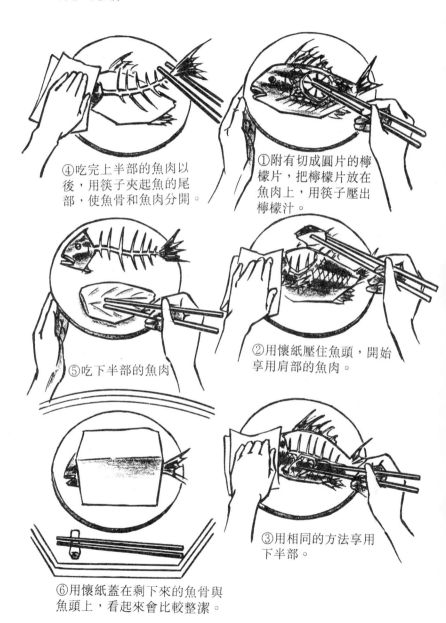

◎用餐時

拔出鹽烤香魚的骨頭

夏天時，常會出現鹽烤香魚這道料理。這是很具代表性的夏天的川魚，不過這一道料理在食用時，難度也非常高。

香魚有其獨特簡單的去除魚骨的方法，在此介紹如下：

首先，用懷紙壓著香魚的頭，然後再用筷子從頭到尾壓香魚的背部，使魚肉變軟。接著，用筷子折斷魚尾，再切開頭部與連接魚身的皮。再用筷子壓著切開的魚身，左手用懷紙抓著香魚頭，拔出整個魚頭和魚身的骨頭。

取出來的魚骨放在盤子的對側。

已取出骨頭的魚身從左邊開始下筷，要先切成一口的大小享用，這時可以沾取附在旁邊的蓼醋（這是爲了去除香魚的腥味而準備的佐料汁。醋中最好加有蓼葉汁）。享用時，可以用手托著佐料汁的小盤，避免佐料汁滴出。

要趁著魚還熱的時候拔出魚骨，所以，最好是趁著從烤箱剛出來的時候就動手。

如果無法拔出魚骨，則用平常吃魚的方法也無妨。

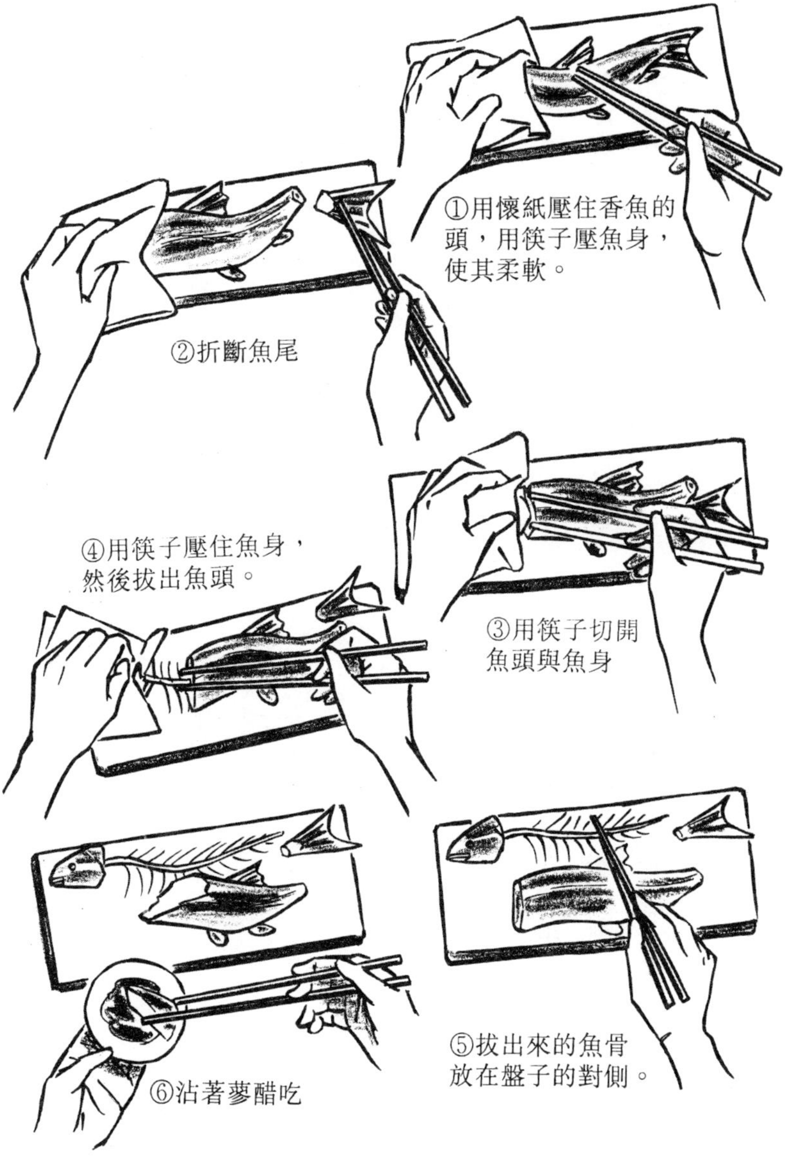
①用懷紙壓住香魚的頭，用筷子壓魚身，使其柔軟。
②折斷魚尾
③用筷子切開魚頭與魚身
④用筷子壓住魚身，然後拔出魚頭。
⑤拔出來的魚骨放在盤子的對側。
⑥沾著蓼醋吃

◎用餐時

醬烤龍蝦/烤文蛤

◇醬烤龍蝦

通常醬烤龍蝦都是附有殼的龍蝦，這種料理只靠筷子是難以享用的。

先用手剝除龍蝦頭與殼，將之置於盤子的對側。

如果飾以酸橘，可以把橘汁絞在蝦肉上。不過要小心地避免果汁四濺。用懷紙把手指擦乾淨之後，才取筷子。要用筷子把蝦肉切塊是很困難的，因此不妨咬食。這時要用左手拿著懷紙掩嘴，如果沒有懷紙也可以用左手遮嘴。

吃完蝦肉以後所剩的尾部，可以集中放在頭和殼的餐盤對側。

◇文蛤

文蛤、乾貝這種帶殼的貝類，用手取食也無妨。左手壓著貝，再用筷子挑起貝肉食用。如果貝類是放在小火爐上，貝殼會很燙。可以用懷紙拿起來，放在別的盤子中再享。

如果貝肉很大塊，就像吃龍蝦一樣，用懷紙或左手掩嘴咬食。吃完貝肉以後，可以直接用手拿起貝殼，飲用其中的湯汁。

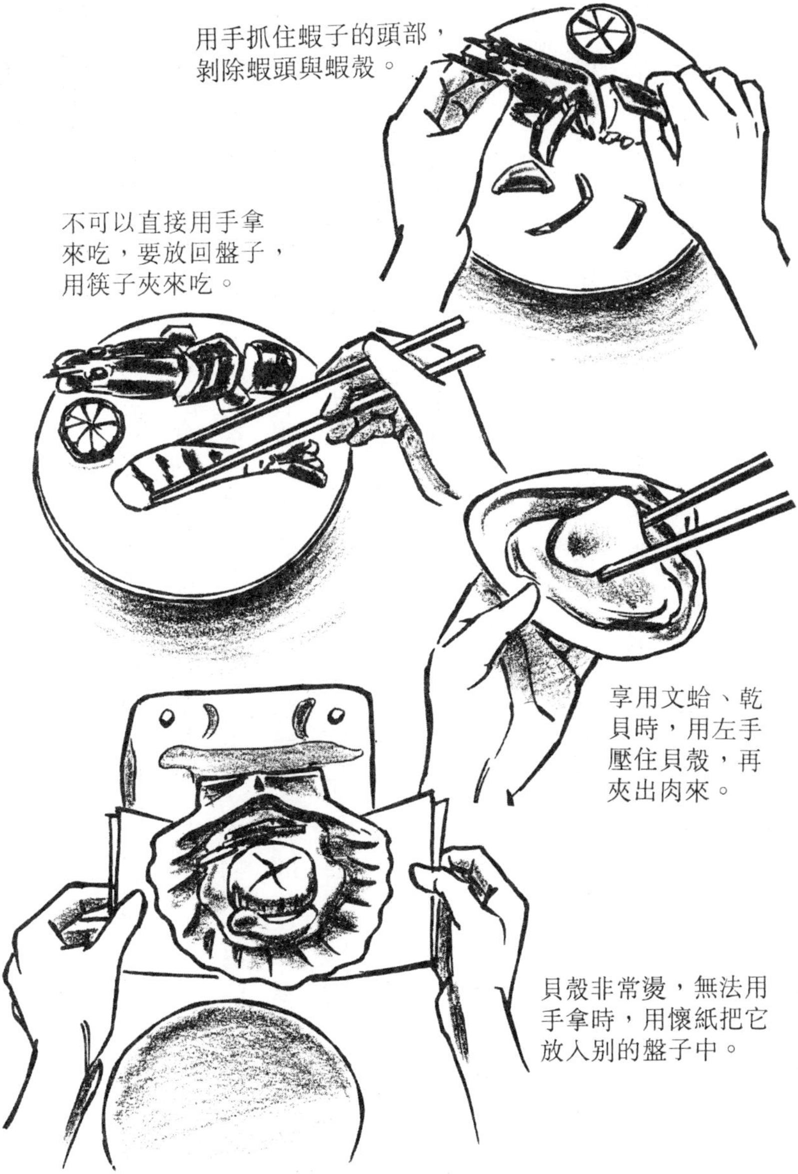
用手抓住蝦子的頭部，剝除蝦頭與蝦殼。
不可以直接用手拿來吃，要放回盤子，用筷子夾來吃。
享用文蛤、乾貝時，用左手壓住貝殼，再夾出肉來。
貝殼非常燙，無法用手拿時，用懷紙把它放入別的盤子中。

◎用餐時

油炸食物（天婦羅）

油炸的食物除了油炸魚和蔬菜等，還有混合的油炸食物。一般在器皿中會鋪上懷敷（白紙），上面裝著剛炸起來的食物，必須要趁食物還熱時來享用。

通常，像天婦羅這種大塊的食物會放在最後面，而小塊的食物放在最前面，裝飾得非常整潔。享用時，要注意不要破壞其美麗的配置。從前面的食物開始依序享用。通常放在後面的食物味道較重。是屬於主菜。如果由前往後吃，就可以擁有最佳的味覺享受。

一般在餐盤上，會擺著混合的天婦羅，另有一盤沾汁與一盤蘿蔔泥，要先拿起適量的蘿蔔泥，放入小盤中，輕輕地攪拌。

這是用來沾天婦羅的，沾用的時候，只沾前端。如果整體都沾上，就會喪失天婦羅的酥脆口感。

享用時，要用手托住小盤。如果置於餐盤中，湯汁很容易滴落就不太雅觀。如果不能托起沾汁的小盤，必須要用左手拿著懷紙當作小盤。

除了沾汁以外，有時候也會附上檸檬、酸橘、鹽等佐料，可以依照自己的喜好來享

①把蘿蔔泥加入天婦羅的沾汁

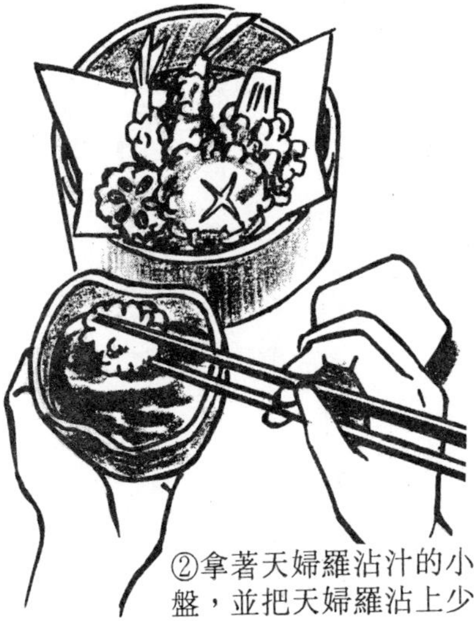

②拿著天婦羅沾汁的小盤，並把天婦羅沾上少許的醬汁來使用。

用。榨檸檬或酸橘汁時，要用左手遮蓋著，以防汁液四濺。需要添加鹹味時，可用手指抓一小撮鹽撒在天婦羅上。

如果食物太大塊，可以用筷子切成一口大小再享用。但是像蝦子、烏賊等不易切食的食物，則可以咬，只是要注意必須用左手或懷紙掩嘴。

吃完以後，要把蝦尾和蔬菜的蒂集中在盤子的一端，如果能用懷紙或鋪在食物下面的白紙蓋上則更美觀。

不過，連魚尾或蝦尾一併吃下也無妨。據說蝦尾具有去毒的作用。

◎用餐時

蒸煮食〈茶碗蒸〉

有時候，蒸煮的食物會代替燒烤食物或燉煮食物而出現。尤是茶碗蒸和土瓶蒸經常會是湯類的替代品，而最普遍的蒸煮食物就是茶碗蒸。其中有雞肉、銀杏、香菇等材料，這些材料和加入佐料湯的蛋汁一起蒸煮。

一般而言，茶碗蒸都是用有蓋的器皿端出來。通常整個器皿都很燙，這時要把掀起來的蓋子放在餐盤的右側。

享用時，用左手扶著碗，由碗的一端下筷，伸入碗中時，畫一個「の」字，使食物和器具剝離。這動作能夠使碗沒有任何附著物。

蒸碗較爲冷卻時，用雙手捧起蒸碗，然後用左手托著。如果碗還是很熱時，可以放在盤中用左手扶著，爲了怕湯汁滴落，必須要用懷紙托住，然後享用。如果碗很燙，也可以使用托盤或用懷紙包起來。這時，也可以用筷子或碗蒸所附的湯匙，一口一口地舀食。使用湯匙時，要注意不可以發出聲音。

吃完以後，要把碗放在底盤，湯匙則置於底盤的前面，再蓋上蓋子。

①取下碗蓋，用
雙手拿起湯碗。

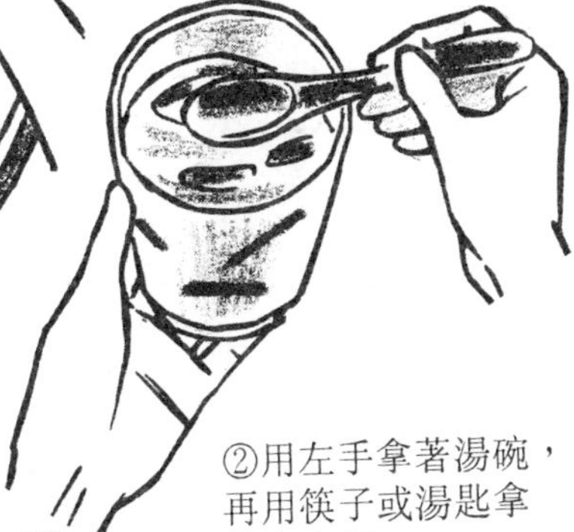

②用左手拿著湯碗，
再用筷子或湯匙拿
著來享用。

當湯碗太熱無法
拿起時，可以用
懷紙或把底盤一起
托起來，享用湯汁。

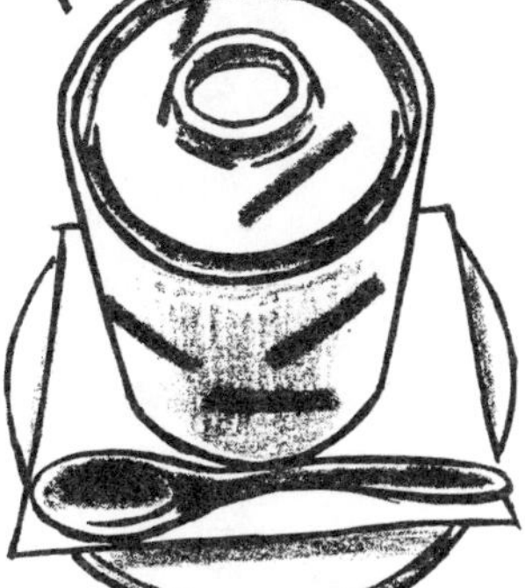

③吃完以後，必須再
把碗蓋蓋好，並把湯
匙放在底盤的前面。

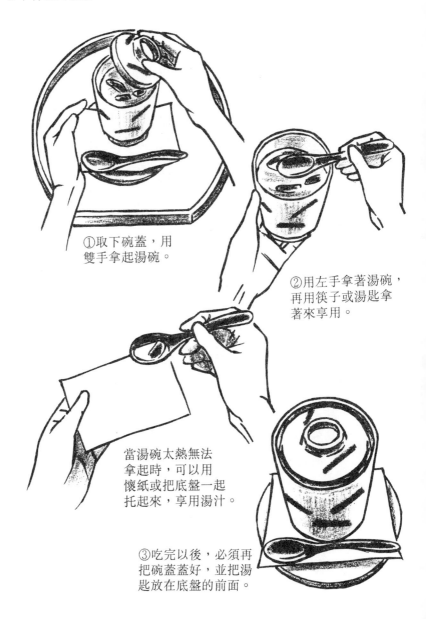

◎用餐時

享用土瓶蒸時，交互使用湯和食物

土瓶蒸是使用最能代表秋天味覺的食物松茸，以及蛤蜊、魚肉等，再加上湯汁而蒸煮出來的簡單料理。松茸的風味佈滿了整個土瓶，這是能夠充分享受松茸風味的高級料理之一。這種料理湯汁多，所以通常都被視爲是湯料理。

通常在土瓶的底盤會附有酸橘，這時先用雙手拿起土瓶上面的杯，放在土瓶的前面。然後再取下蓋子。因爲蓋子的內側有水分，所以要輕輕地拿起，避免水滴出來。

拿起底盤上的酸橘，用左手遮住，把果汁擠進土瓶中。

然後再蓋上蓋子，並將土瓶中的湯汁倒入杯中。使用的要領就好像使用茶壺一樣，用右手托住土瓶的把手，左手壓住土瓶的蓋子倒出。

喝一口湯汁以後，再取用土瓶中的食物，放入杯中。享用時，必須一口湯一口食物地食用。如果因爲湯汁好喝就不斷地喝湯，這是不適當的作法。要能夠調和，享受松茸的香味，一邊一口湯一口食物地吃，這是享用土瓶蒸最好的方式。

吃完以後，必須要把蓋子與杯子復原。

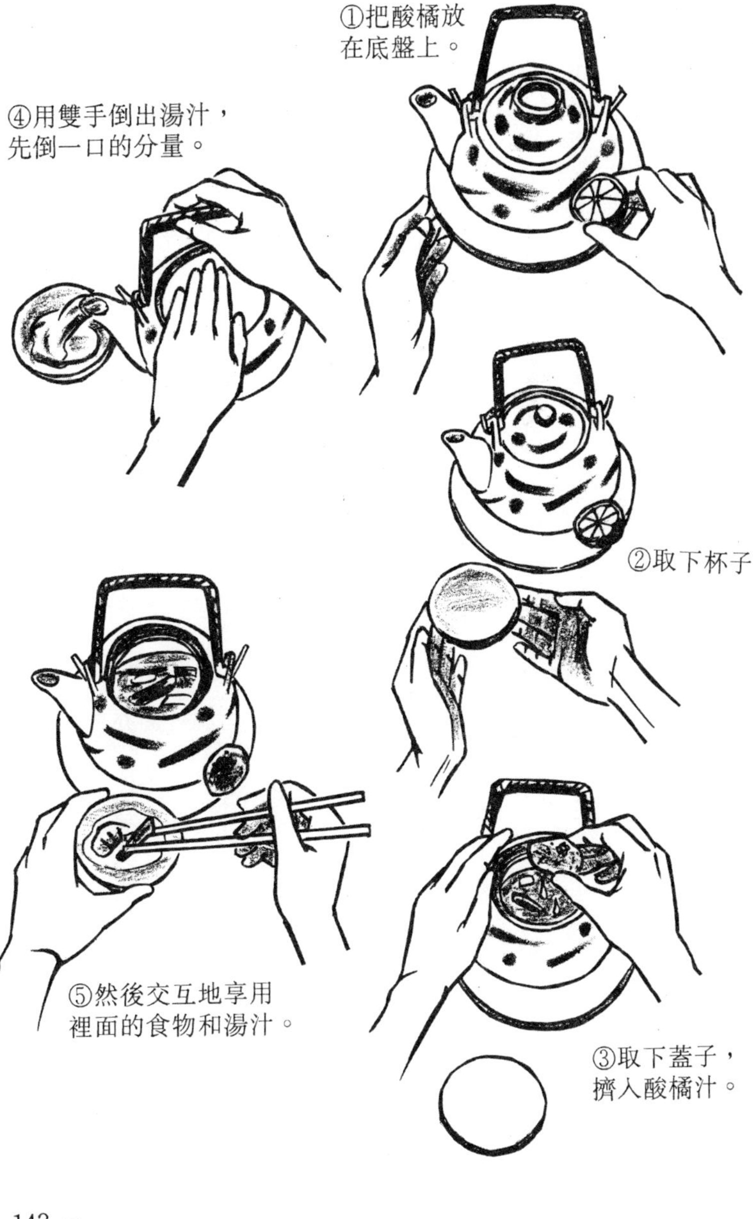
①把酸橘放
在底盤上。
②取下杯子
③取下蓋子，
擠入酸橘汁。
④用雙手倒出湯汁，
先倒一口的分量。
⑤然後交互地享用
裡面的食物和湯汁。

◎用餐時

飯、醬汁、醬菜

一邊飲酒一邊享用料理，爲會席料理的目的。飯、醬汁與醬菜是最後上桌的。在飯出來之前先喝酒，飯出來以後停酒，才合乎禮儀。

配膳根據和食的基本，飯在左邊，醬汁在右邊，醬菜則在中央後方。

先取下醬汁的碗蓋。如果有困難時，可以用左手的手指壓住碗的邊緣，會較容易取下。翻開以後，放在餐盤外的右側。

然後取下飯碗的碗蓋。翻開的碗蓋放在餐盤外的左側，如果沒有位子時，可以放在醬汁碗蓋的上方。

取下兩個碗蓋之後，就可以開始吃，通常是先吃醬汁。一般和飯一起端上來的是赤出汁味噌。使用時，用雙手捧起，再用左手拿著。右手拿起筷子，然後把筷子的前端夾在左手的指尖，再把筷子拿好。

吃飯時，也是相同的，用雙手捧起碗，然後用左手拿碗，一口一口地吃。有時侯，要一口醬菜一口湯，或是一口飯地交互使用。還有，把醬菜放在飯上面進食，是不好的習

①用左手拿著碗，
筷子的前端先夾在
左手的無名指與小
指之間，加以固定。
添飯時，正式的
作法是留一口飯
在碗中。
②右手拿好
筷子再享用。

慣，必須要注意。

如果一盤醬菜是好幾人分，這時要適量取用在自己的盤子，或是取用在飯碗的蓋子上，然後才享用。根據基本的配膳，飯碗的碗蓋是放在餐盤的中央。

飯不夠時，可以再加飯。要再加飯時，雙手把飯碗拿出來，放在拿出來的托盤上。

還有，要再加飯時，把最後的一口飯留在飯碗，這是較正式的作法。不過，最近已經不必這麼費事。基本上，要注意的是等待飯拿來時，要先放下筷子，雙手取飯。

吃完以後，要把飯碗和醬汁的碗蓋復原。

◎用餐時

吃完甜點以後要注意整潔

飯後最後上桌的就是甜點。因餐廳的不同，有時候是冰淇淋，有時候是糕餅等，大都是屬於季節性的水果。甜點也可以稱爲水菓子。

一般常見的水果有甜瓜、西瓜、草莓、葡萄。日本料理通常會考慮到用右手拿叉來享用，所以事先會把水果去皮，切好。

西瓜和甜瓜可以叉食享用，享用時由右側開始。從中間開始吃，是不太理想的吃法。吃完以後，使西瓜或甜瓜的面朝自己，把皮立起來，並把種子藏起來。

吃有子的水果，如葡萄或柿子時，必須要把水果的種子收集在口中，最後再把種子一起吐在折好的懷紙裡。注意要把懷紙拿起來，湊在嘴邊。吃完以後，把集中在懷紙的種子包起來，放在盤子上。

吃橘子時，如果需要自己動手剝皮，享用後要注意其整潔。要把橘子的內皮放進外皮內，最後要注意把有帶蒂的那一面向上，並把殘渣隱藏起來，以便於看起來很整潔。如果再用懷紙包起來，看起來會更有禮貌。

吃完了瓜類以後，
把瓜皮立起來，看
起來才不會太醒目。

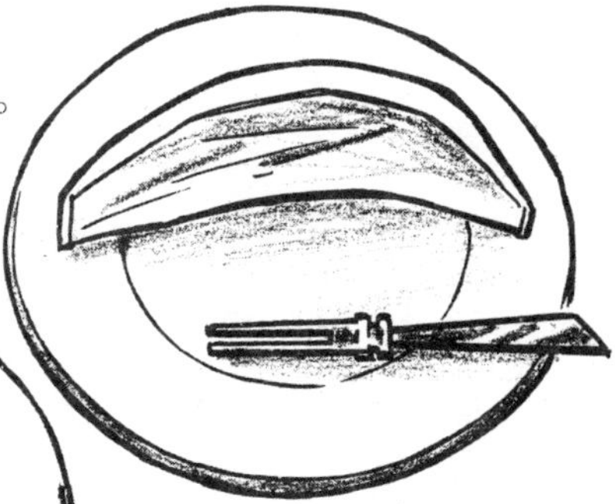

吃完橘子以後，要使
橘子皮果蒂的部分向
上，把殘渣包起來。

吃葡萄時，把懷紙
放在嘴邊，並把嘴
裡的葡萄子吐在懷
紙中。

把包有種子的懷紙
摺疊好，放在盤子上。

◎用餐時

心情愉快地喝日本酒

喝酒的禮儀是很多的，不可飲用過量以致爛醉，也不可因爲喝醉了而大聲喧譁，這都是屬於酒品不好的行爲。喝酒必須要適量，這樣最好。

喝酒時，首先是要乾杯。乾杯即讓與會者手中拿著酒杯，而進行的一種禮節儀式。即使是不喝酒的人，也要把酒杯拿到嘴邊，略微有所表示。

乾杯的時候，不需要用杯子互相碰觸，把杯子舉至齊眉處，點頭示意即可。還有，並非任何時候都適用「乾杯」。在神社的祭典、葬禮、守喪、佛事等，舉起酒杯來供奉神佛，則名爲「獻杯」。

乾杯之後，就是互相隨意地敬酒。一邊享受料理一邊飲酒，並不需要勉強喝酒。爲別人倒酒時，必須要等別人拿起酒杯來，表示接受時，才可以爲他斟酒。

如果要拒絕別人的斟酒，可以把手放在杯子上。如果倒扣酒杯，就表示「我已經喝夠了」。倒酒時，右手拿著酒瓶的中央。如果是女性，必須要用左手輕輕地托住酒瓶的下側來倒酒。

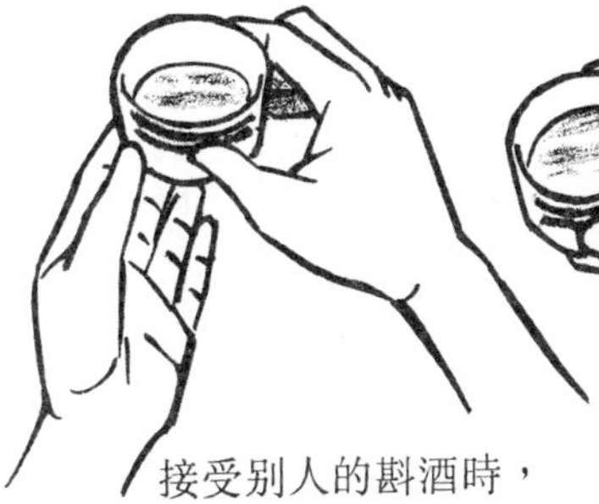

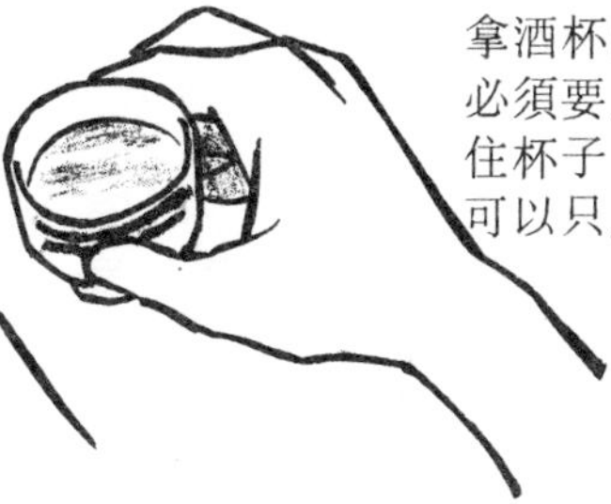

拿酒杯時，女性
必須要用左手托
住杯子，男性則
可以只用右手。

接受別人的斟酒時，
必須要拿起酒杯，
放在胸前，讓對方
容易斟酒。

斟酒時，必須要用右手拿住瓶
身的部分，並用左手扶著幫人
斟酒。男性可以只用右手。

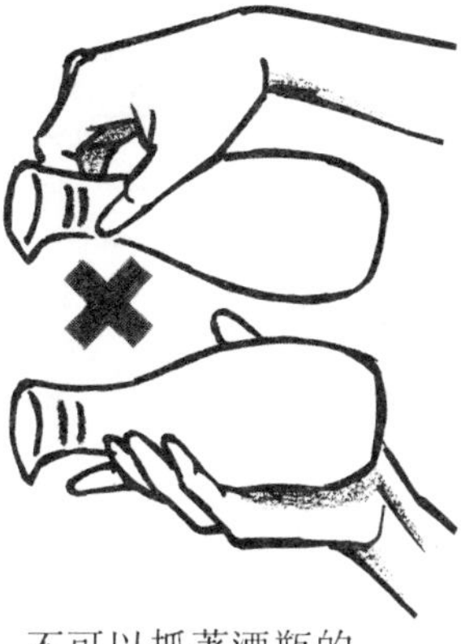

如果不想再
喝時，可以
倒扣酒杯。

不可以抓著酒瓶的
頸部分來幫別人斟酒。

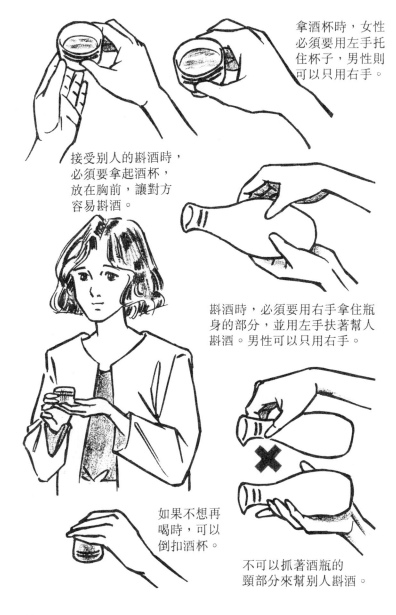

◎各種日本料理

享用懷石料理每道菜的基本方法

懷石料理是準備茶席的主人爲客人準備的料理，這不是非常豪華的料理。由於主角是濃茶，主人考慮到客人正空腹，而先準備了輕便的料理，這就是懷石料理的由來。

懷石料理基本上是一湯三菜（醬汁、向付、燉煮食物、燒烤食物），在此之後還附有箸洗、八寸、酒等。享用懷石料理的方法，並沒有明確的規定，所以只作簡單的介紹。

◇飯、醬汁、向付（生魚片、醋漬物等）

剛開始時，最先端出來的是飯、醬汁、向付，盛上的飯量較少，醬汁是使用味噌調配而成的。同時把左手放在飯的蓋子，右手置於醬汁的蓋子上，一起翻開，並把醬汁的碗蓋蓋在飯碗蓋上，放在餐盤外的右側。這時候，才一口一口地吃飯，並和湯汁交互享用。吃完以後，把碗蓋蓋上，恢復原狀，一樣用雙手拿著碗蓋同時蓋上。

向付是放在餐盤正面對側，因而得名。一般都是白肉魚的料理，屬於酒菜，不能用來配飯。享用了飯和醬汁之後，主人會爲客人倒酒。這時，可以和酒一起享用向付。

還有，飯和醬汁不夠時，可以再加。加醬汁的時候，把蓋好碗蓋的碗放在主人拿出來的托盤上，可自行在飯鍋中盛飯。

◇椀盛（燉煮食物）

接著就是懷石料理的主菜，「椀盛」。當這道料理端上來時，把蓋子翻開，放在餐盤的右側。然後欣賞碗中的料理。進食時，要非常調和地享用碗中的食物和湯汁。吃完後恢復原狀，把碗蓋蓋上，然後放在餐盤的對側。這一道菜完了後，主人會再爲客人斟酒。

◇燒烤食物

接著就是「燒物」。一般都使用當季的魚。通常會端出一大盤來，是屬於所有人分的料理。輪到自己享用時，要對下一位客人說：「先用了。」然後把一塊魚肉夾到自己的向付盤中，再把料理轉到下一位客人的面前。如果向付盤中放不下時，可以在碗蓋上鋪上白紙，再把食物放在上面。

◇強肴

燒物上桌以後，懷石料理的一湯三菜都已經出來。除此以外，還會有一、二道料理。一般稱之爲「強肴」「預鉢」，都是使用季節性的蔬菜、魚、雞肉等所調理出來的。酸醋食物與涼拌食物出現的機會也不少。

強肴也是一大盤地端出來，所以和使用燒烤食物一樣，依序取用自己的一分。這時，飯鍋會再拿出來，依然是按照自己所需要的分量來盛，然後再把飯鍋轉給下一位客人。同時，可以再加醬汁，不過這已經是最後的一次。

◇箸洗

繼燒煮食物以後而上桌的是「箸洗」。這是用小碗裝的湯，喝起來很爽。

◇八寸

「八寸」是裝有山野食物和海鮮食物的酒菜，分量較少。賓主互相敬酒時，可以享用這道菜。

◇湯桶／醬菜

懷石料理最後上桌的是「湯桶」和「醬菜」，可以把醬菜夾放在向付盤上，用湯勺把湯桶的湯舀入飯碗或醬汁碗中，然後再飲。最

醬汁碗的碗蓋蓋在飯碗蓋上，然後放在餐盤外的右側。

雙手各抓著飯碗與醬汁碗。

後用懷紙擦拭向付盤、碗、醬汁碗與筷子。
最後，是把濃茶與薄茶端上桌。

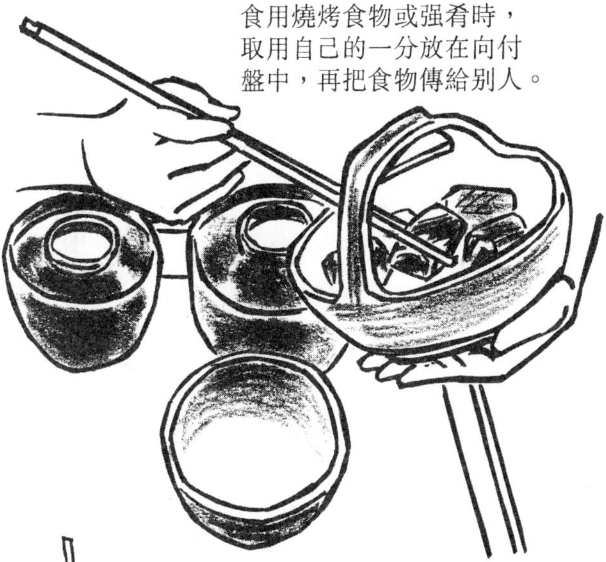

食用燒烤食物或強肴時，取用自己的一分放在向付盤中，再把食物傳給別人。

把湯桶中的湯倒入碗中。

◎各種日本料理

飲用濃、淡茶的方法

濃茶是使用多量的茶所調配出來的，反之淡茶使用的量較少。調配的方法和飲用的方法也不同。通常喝濃茶時，是使用一個茶碗來喝茶；喝淡茶時，則是每個人有一個茶碗。

一般而言，濃茶較常出現在隆重的場合。由主客開始依序享用，主客在用茶之前，必須對下一位客人致禮，說：「先用了。」然後拿起茶碗並向右轉，分二口半把茶喝下。飲用時，避免使用茶碗的正面，而這最後「半口」是吸盡積在茶碗最底部的茶。

喝完以後，放下茶碗，用懷紙擦拭經過口部接觸的部位。接著把茶碗面向下一位客人，遞給對方，彼此致禮。在茶懷石中，淡茶是在濃茶之後出現的。先用右手取茶碗，然後用左手拿著，行注目禮。為了避免直接接觸茶碗的正面，這時可以用右手以順時針的方向把茶碗轉二次。飲用淡茶時，可以隨自己的意思飲用幾口。

飲用完以後，用左手拿著茶碗，並用右手的拇指與食指把口接觸的部分擦拭乾淨，然後再把茶碗的正面面向自己放下。用完茶碗時，把正面對著對方。享用茶懷石時，濃茶配帶餡的軟糕餅，可用牙籤取；淡茶則配乾硬的糕餅，直接用手取用即可。

不論是喝濃茶或淡茶，茶碗
都是往右轉。飲用時，要避
開茶碗正面飲用。

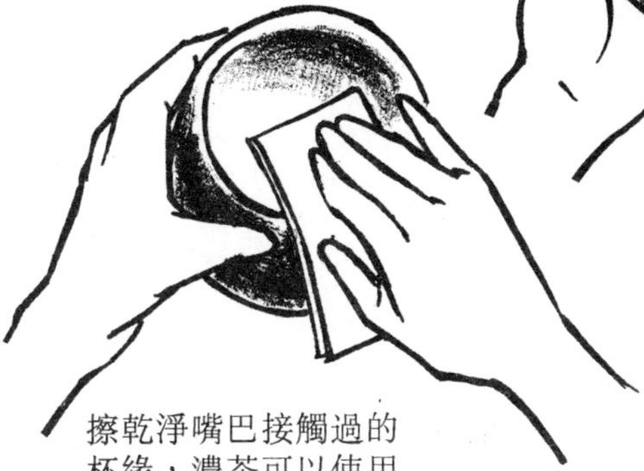

擦乾淨嘴巴接觸過的
杯緣，濃茶可以使用
懷紙，淡茶則用手指。

將新鮮的軟糕餅放
在懷紙上，並用牙
籤來享用。

如果乾的糕餅太大塊，
可以將之掰成適當的大小。

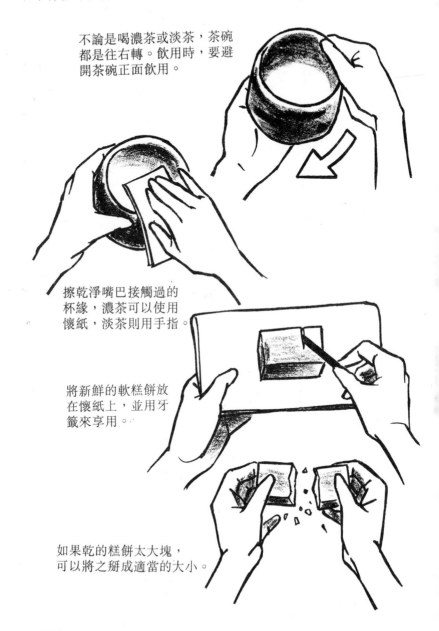

◎各種日本料理

生魚片壽司要把醬油沾在生魚片上

在會席料理，是很少出現飯糰料理的。不過在和食，經常會出現飯糰料理─壽司。

雖然壽司可以直接用手取用，但是用筷子也不妨。如果女性在一開始時就用手取用，會覺得不太適應。最近，壽司料理店大都會準備筷子。

用筷子夾住壽司的兩側，沾一點醬油，一口吃下。要把壽司送至口中時，最好是使用托盤或懷紙盛在底部，以避免滴落。如果沾過多的醬油，汁液就會滴落，也會使飯糰的飯潰散，所以沾醬油時，最好是適量，以避免破壞食物的味道。

如果飯糰太大而無法一口吃下時，可將之放在托盤中，用筷子分成一半，先吃下一半的飯，再把上面的生魚片包起剩下的飯來吃。

用海苔捲起的壽司沾醬油時，是沾在切口的部分。

用手取食時，先用毛巾把手指擦乾淨，然後用拇指和中指抓住飯糰，並用食指輕輕地壓住飯糰的上部。沾醬油時，必須要沾在生魚片上，而不是沾在飯上。側夾著生魚片沾醬油，使生魚片得以沾上醬油。

可以用筷子或直接
用手取用壽司。

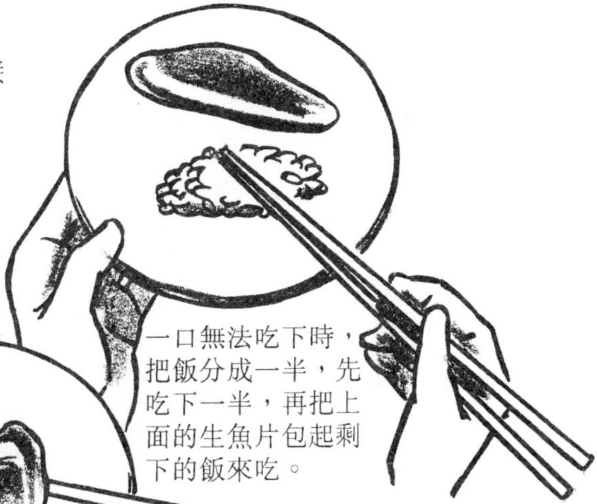

一口無法吃下時，
把飯分成一半，先
吃下一半，再把上
面的生魚片包起剩
下的飯來吃。

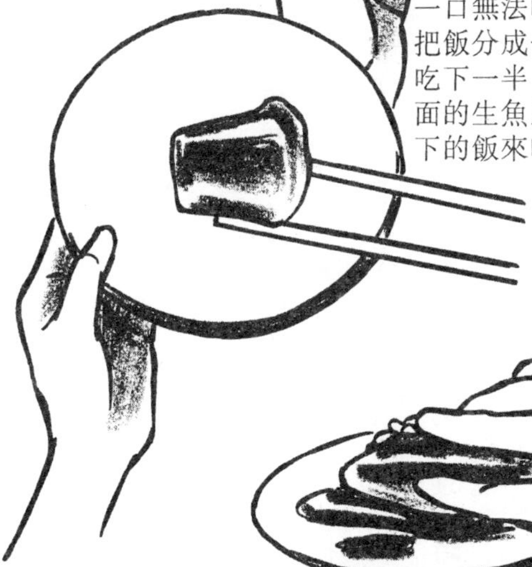

沾醬油時，只沾在
生魚片的側面。

◎各種日本料理

麵／茶泡飯

有些餐廳在會席料理的最後時，會送上麵、烏龍麵與茶泡飯等。

◇**麵**

通常麵會放在竹簾上，和調味汁一起端出來。這時用左手拿著調味汁小碗，把調味汁倒入碗。夾麵的時候，從中央最高的部分開始下筷，一口一口地吃麵，把麵沾一下調味汁再吃。如果調味汁泡得太久或取用過量的麵，就會出現調味汁四濺或狼吞虎嚥的吃相。

雖然在吸食時可以發出聲音，但也不能夠太大聲。這時可以用湯桶盛麵湯，食用時則倒入調味汁的碗中。

◇**泡飯**

日本人習慣吃的泡飯，也許一般人並不知道要怎麼吃。在平常時候，是可以湊到嘴上來吃的。可是在料理店，最後會用大碗裝茶泡飯端上桌，這時可以用左手拿碗。

如果中央已經加了調味汁，可以一點一點地將之攪拌。食用時，不能夠大口地送入口中，而要一點一點地享用。

將夾起的麵的三分之
一，浸泡沾汁來享用。
這是食用要領。

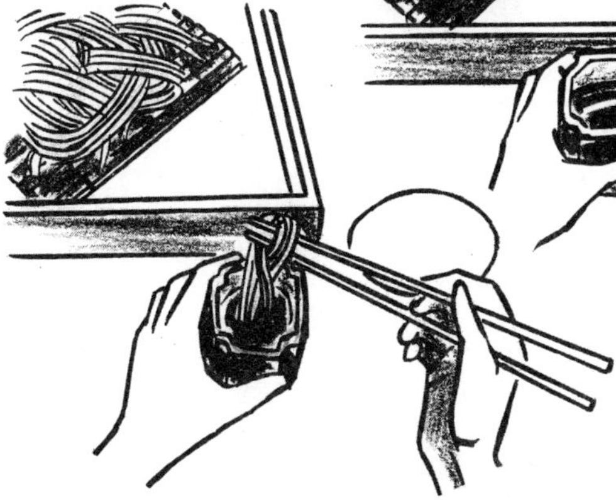

依自己的喜好
加入葱花等。

把湯桶中的麵湯
加入沾汁碗。

茶泡飯的碗
大都較大，
所以要拿穩。

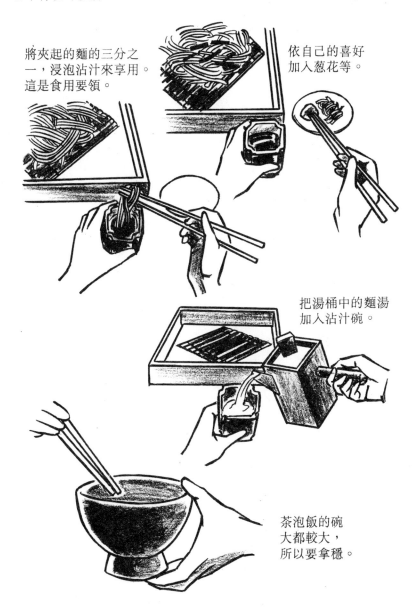

◎各種日本料理

火鍋／大頭魚頭料理

◇火鍋

冬天時，最令人想念的就是火鍋料理。親朋好友圍坐在熱騰騰的火鍋旁，充滿笑聲的環境會讓人覺得身心溫暖，這是宜酒宜食的最佳料理。

吃火鍋料理並沒有嚴謹的規範。因爲火鍋料理是大家一起享用的料理，所以唯一要守的就是不要造成他人的不快。

取用火鍋中的食物時，要考慮在座的人數而適量取用，當然也不能夠只吃自己所喜歡的。

另外，不能夠把筷子伸入火鍋中尋找食物，這麼做不但失禮，也會弄碎了魚肉，讓別人覺得你是在洗筷子。

最要不得的是舀出的食物再放回鍋中，經由筷子、湯匙舀出的食物，需要放回自己的碗中。

如果一次拿了一大碗食物，食物冷了就不好吃，再者也不要讓人以爲你很貪心，所以

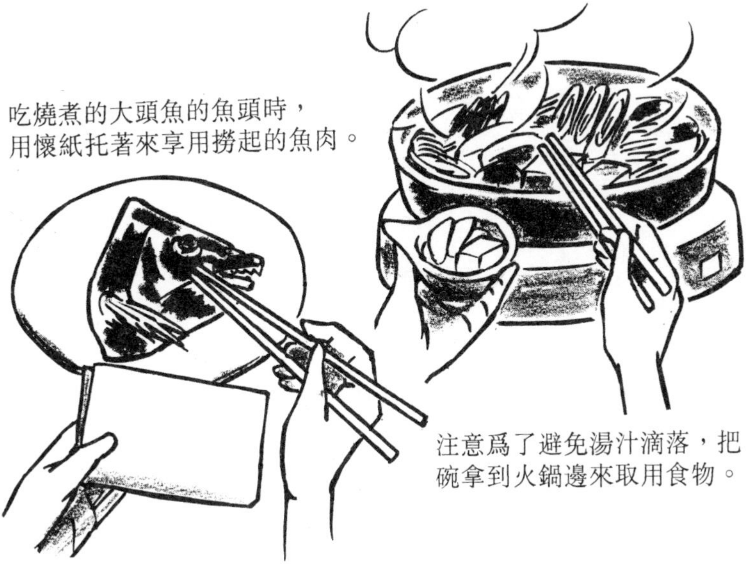

吃燒煮的大頭魚的魚頭時，
用懷紙托著來享用撈起的魚肉。

注意爲了避免湯汁滴落，把
碗拿到火鍋邊來取用食物。

最好是適量取用。

魚貝類的骨頭和殼可以放在食物殘渣容器中，如果沒有食物殘渣容器，則集中置於盤子的一端。

◇大頭魚頭料理

大頭魚頭燒煮是非常受歡迎的料理，但是要吃得很乾淨也需要技巧。

吃大頭魚頭時，先由其切口處下筷，挑出其中的魚肉。要把骨頭和肉分開是很困難的，可以含在嘴裡把骨頭和肉分開來。

把魚肉夾到嘴裡時，要用懷紙盛著以免湯汁滴落。要把魚骨吐出來時，用左手拿著懷紙掩嘴，用筷子把骨頭夾出來，放在盤子的一端。不可以用手直接把骨頭拿出來，或是直接吐在盤子上面。

◎各種日本料理

鰻魚飯／蓋飯

◇鰻魚飯

熱騰騰的白飯上面鋪著肥厚的鰻魚。具有獨特香味的鰻魚，在餐廳中是經常被點到的和式料理之一。享用鰻魚飯時，要先用雙手翻開盒蓋，並置於飯盒的對側。

食用時，用左手扶著飯盒，或是用左手拿著飯盒來吃。如果是用左手扶著飯盒時，要注意不要像狗吃飯的姿勢一樣，低著頭來吃，這是很不雅觀的。

通常鰻魚飯都會附上臟器的湯，用湯時與一般的禮儀一樣。用飯和醬汁的情形也相同，要先喝一口湯再吃鰻魚飯。

◇蓋飯

蓋飯是在飯上面鋪滿了食物的料理，像豬排飯、天婦羅飯、雞蛋飯是非常大衆化的料理。這是大衆化的料理，享用時也沒有任何繁文縟節，從碗的一端下筷，只要吃乾淨就可以了。有時候必須伸直背肌，然後用左手端拿著飯碗來吃。

要注意不要吃得太快，像耙飯一樣的吃法會很不好看。

享用鰻魚飯時，
用雙手翻起蓋子，
放在飯盒的對側。

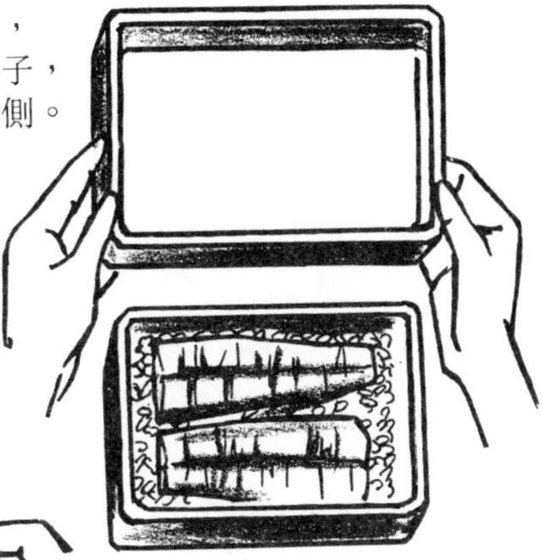

從飯盒的一端開始享用。

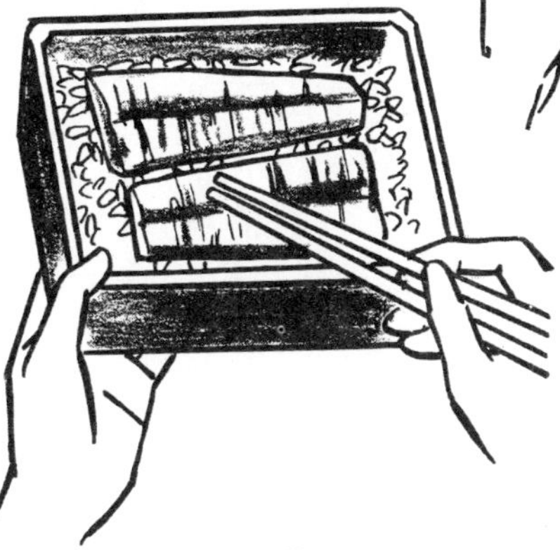

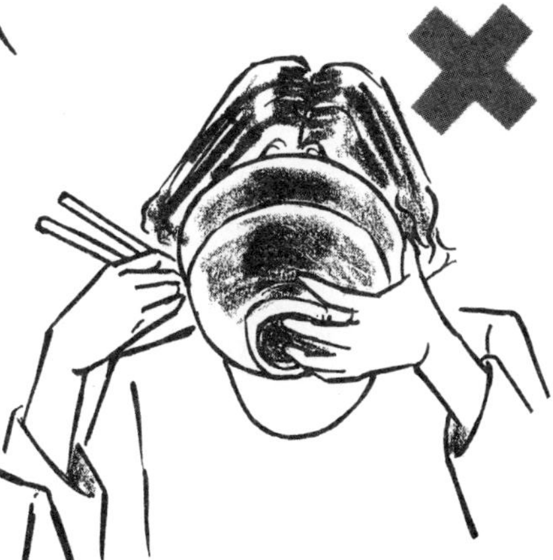

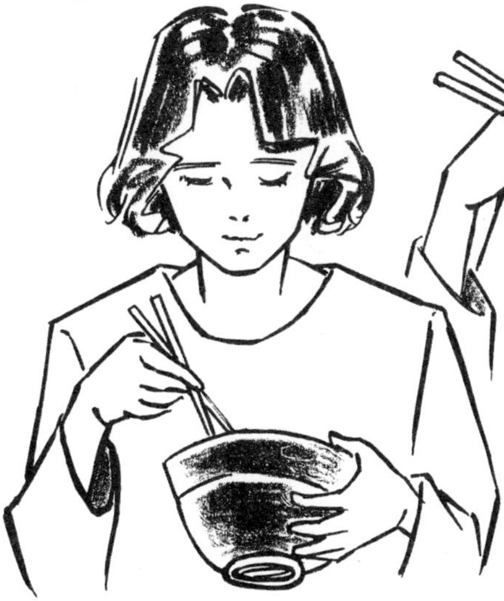

享用蓋飯時，必須
注意自己的姿勢。

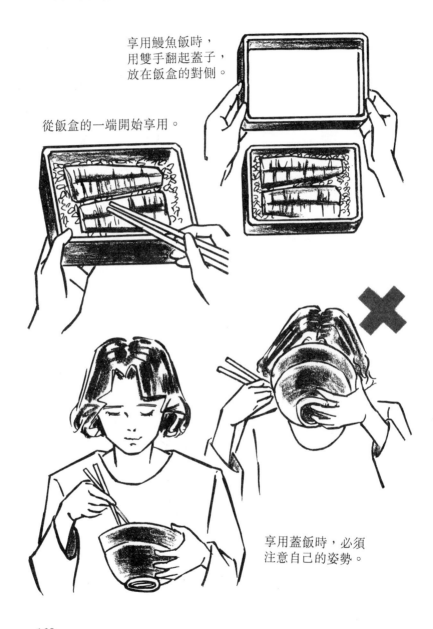

專欄

濕毛巾和牙籤

到日本料理店或餐廳時，會先送上濕毛巾。一般是由服務人員拿來，或者事先擺在竹製盤中，放置在餐盤的右邊。

用餐以前，濕毛巾是用來清潔的。不過經常會見到男性用濕毛巾來擦臉，看起來很不雅觀。在炎炎夏日中，看到這種冷濕的毛巾，當然是讓人忍不住會想要拿來擦臉，但是畢竟還是要保持餐桌上的禮節，不可以這麼做。使用後的濕毛巾，必須要輕輕地疊起，再放回小盤子上。

還有，使用牙籤時，必須要稍微留意。能夠不使用就儘量不用；非使用不可時，要用左手、懷紙，或是餐巾來遮住口。剔牙時不可以發出聲音，也不可以把牙籤含在嘴裡。

PART 3

中國料理的禮儀

◎用餐前

各種中國料理

日本的中國料理店都是依照日本人的口味來調味，所以並沒有明確的口味特徵。中國擁有廣大的土地，而因其風土、民族、文化背景，各地的獨特鄉土料理非常發達，至少有五十種以上。

雖然中國料理項目繁多，但是其歷史悠久，都是很有深度的料理。其中最具代表性的有四大料理，即北京料理、上海料理、四川料理、廣東料理，特徵如下所述：

◇北京料理

自古以來北京是中國的首都，中國各地的官員都聚集在此，因此，跟隨官員的廚子們也聚集在此。

北京料理以黃河流域山東省的料理爲主，由於此地聚集了來自各地的廚子，而混合了各種地域性的特徵，形成了北京料理。隨著歲月的洗鍊，而有了今天的面貌。

由於北京料理混合了蒙古與滿族的北方飲食文化，其調味較重，大都使用醬（味噌）。再加上位於內陸，不容易取得海產，因此其拿手料理爲肉料理。

最具代表性的北京料理就是北京烤鴨，是利用特製的鍋爐燒烤刻意養得肥肥胖胖的鴨子，使鴨皮呈麥芽色。這是一道特殊的料理。

在冬天，他們的火鍋料理和日本很相近，如涮羊肉（氽燙羊肉）和烤羊肉（成吉思汗）料理等。

山東省是小麥的產地，因此也有很多使用麵粉做成的料理，如饅頭、餃子、燒餅等。

◇上海料理

上海是個貿易港，是非常繁榮的都市，位處於揚子江領域的中心，因此也是這地方料理的中心。

由於此處氣候溫暖，地形富於變化，因此海產食物取得豐富，種類繁多。在調味方面甜味較強，使用較多的醬油和砂糖。大都使用高級的素材。自古以來上海就是貿易港，與外國往來頻繁，是非常摩登的都市，所以料理非常講究。

最具代表性的料理就是紅燒扒水（用醬油燒煮魚尾巴和魚翅）、醉蟹（用酒浸漬螃蟹）、小籠湯包（在肉包中有湯汁）。

上海蟹最爲有名，十月爲其盛產期，世界各國的美食者會聚集在此。有時候，上海料理也會使用兔子、鱉等素材。

◇四川料理

四川料理是指揚子江上流、中國西部、四川省一帶的料理。提到四川料理就會令人聯想起非常辣，爲甚麼會這麼辣呢？

這地區位於中國的中央部位，四周是高原或高山，是一個盆地。冬天時期非常寒冷，所以這地方的料理以辛辣著稱。

這地區離海非常遠，因而缺乏海產，食材以蔬菜、川魚爲主，以及乾貝、鮑魚等乾燥物。在料理素材上，是非常重要的保存食物。

調味方面非常濃厚，使用很多的辣椒、大蒜、葱等香料。川魚的料理非常豐富，因爲川魚有泥臭味，所以大量使用香料。

代表性的料理包括麻婆豆腐、鍋巴（燒焦的飯加入菜的勾芡料理）、乾燒明蝦（淋上辣椒醬汁的蝦子）、棒棒雞（用芝麻醬拌雞肉）等。

四川也是醬菜之鄉。在日本極受歡迎的榨菜，就是這地方的產物。

◇廣東料理

在日本的中國料理店，最多的就是廣東料理，其理由是因爲赴日本的廣東人很多以外，還別有原因。

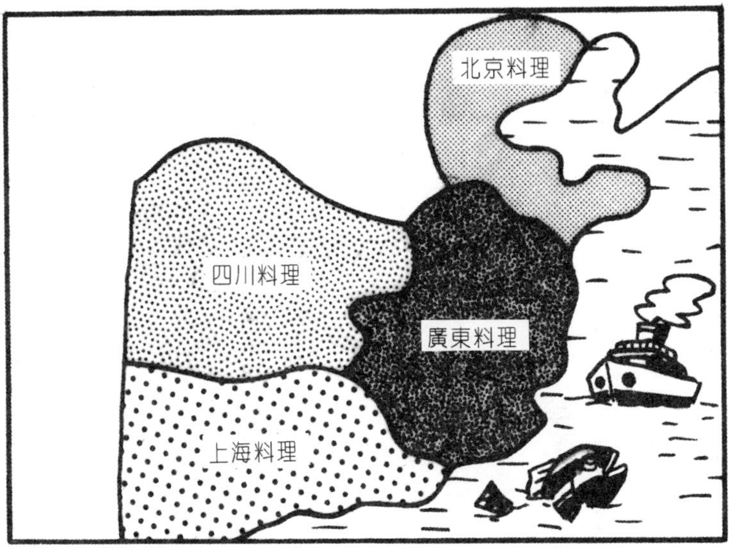

「食在廣州」，廣州有山珍海味，食材非常豐富。自古以來這裡就有很多的廚師，而提供了非常講究的高級料理。料理的種類與調味非常豐富，在調味方面較爽口，最適合日本人的口味。

日本之所以有這麼多的廣東料理店，是因爲在味覺上最適合日本人的緣故？

廣東料理的使用材料很有特色，如：蛇、青蛙、狗肉等。其代表料理與北京烤鴨齊名的，就是片皮乳豬（燒乳豬）、咕咾肉（糖醋豬肉）、八寶菜、青椒牛肉等，都是日本最受歡迎的料理。

另外，最受歡迎的就是茶，這也是廣東料理著名的產物。

◎用餐前

中國料理套餐

也許不像西洋料理一樣爲人所熟知，不過中國料理也有其套餐。首先是前菜，然後是湯、主菜（魚、肉、蔬菜料理）、湯，麵類或飯，以及甜點共有十道料理。

通常前菜是一大盤裝有數種種類的冷肴，最常見的有用鴨蛋特製的皮蛋、海蜇皮、豬肉薄片、鮑魚等冷的菜肴。在正式的宴席上，甚至會飾以展現師傅手藝的鳳凰之藝術品的前菜。

前菜之後就是湯，例如：魚翅湯、玉米湯等，蔬菜、肉、魚等也可入湯。

主菜是以蝦、蟹、貝類、鱉、海參、魚等的魚貝類爲素材的海鮮料理或肉料理爲主流。

肉料理通常是以豬肉、牛肉、雞肉、羊肉等爲素材，有時候也會採用鹿肉、鴨肉、斑鳩肉、青蛙肉、蛇肉等，實際上使用的素材非常多樣化。

有的料理也使用魚翅、干貝等乾物，有的料理則以蔬菜爲主，經過蒸、炸、炒、煮，以多樣化的調理方法和調味方法表現出來。

蛋料理和豆腐料理也非常受歡迎。

主菜之後就是一道湯，主要是爲了讓人在主菜之後清一清口腔。

湯之後就是米飯料理或麵類。米飯料理有炒飯、肉粽、鍋巴料理，甚至也有粥。麵類也有米粉、炒麵、湯麵等。在配料方面也下了很大的工夫，非常豐富。

最後出現的就是點心。一般常見的有燒賣、餃子、叉燒包等鹹味點心，使用荔枝等水果與甜的蛋糕等甜點。

除了蒸糕、油炸糕點之外，冷凍豆腐與杏仁豆腐都是甜味點心中最受歡迎的。

◎用餐前

組合調配料理方法的重點

◇選擇料理時

利用中國料理店時，大都是親朋好友聚集在一起的時候，結伴至中國料理店的情形較多。

當然，並沒有點菜的規則。不過既然是大家一起聚餐，最好是點些出席者所喜好的料理，還有向各種料理挑戰，作爲料理時的參考。

中國料理的素材、調理方法，以及調味料均多釆多姿，非常豐富，料理的項目多達五千～八千種。當然，你也可以選擇一般受歡迎的料理，有時候則可以積極地嘗試各種口味，這也是翻開菜單時的一大樂趣。

根據餐廳的不同，會依照素材的類別而列出料理，所以點菜的時候不要只偏重某項素材，最好是各選一道不同素材的料理。

根據菜單的漢字，可以想像其調理方法，選擇料理時最好是多樣化。例如：油炸的、炒的、煮的，都各點一道來嘗試。

雖然素材和調理方法不同，最後可以採取相同的調味，很可能會使吃起來覺得豐富的料理，吃起來味道相同。點菜以前，要先確認口味的輕重，是屬於油膩的，還是醬油味、甜味、甜辣、鹹辣、酸味等。不清楚料理的調味時，可以先詢問服務人員。

通常料理是由冷而熱，口味是由淡而重，這是基本的吃法，所以在點菜時，要有這樣的概念。

還有，要注意到一盤料理是幾人分，看看量是否太多。一般的餐廳小盤是三～四人分，中盤的是五～七人分，大盤的是十人分。

◇要注意是否一次端上所有的料理

在中國料理餐廳點菜過後，料理會從前菜依序，以及按照用餐的進度一一上菜。這種上菜的方式，才能夠吃到熱騰騰的每道料理，一道一道地品嚐這種料理的滋味。不過爲顧及整體的均衡與料理的調配分量，有時候會考慮到大家在歡談聚餐時，不希望服務人員從中打擾，也可以要求店方把料理一起送上來。

一起上菜並非從前菜到甜點都一起送上來，而是顧及到不讓餐桌上的東西過於稀少。爲了讓同桌的人經常能夠享受到美味料理，所以每次是端上二～三道料理。這樣一來，每道料理都是熱騰騰的。

◎用餐前

座位席次和餐桌上餐具的擺設

中國料理餐廳大致上都使用圓桌。

在圓桌的中央有一個能夠旋轉的小圓桌，所有的菜肴都會擺在小圓桌上，而大家都會用自己的小盤取用上面的料理。這和西洋料理每人一分的情況不同，大家一起圍桌而坐，呈現的是非常融洽的氣氛。

不過，這種圓桌仍有其座位席次，也有上座、下座之分。雖然是和睦融洽的氣氛，但是並非隨便坐即可。主客必須要坐在上座，這是一種禮儀。

圓桌離入口最遠處是屬於上座，接著就是主客的左邊，再來就是主客的右邊，依序而下。接近入口的座位是屬於下座，一般為人服務的人都坐在下座，因為要點菜或和服務人員洽談時，都會比較方便。

通常餐具的佈置也有固定的位子，在座位前的桌上擺有每個人的餐具。

正面的最前面是餐巾，右前方的是取菜的盤子，左側是湯匙與佈菜的深盤，右側是調羹和筷子。玻璃杯是置於右側。正面的內側是放骨頭和殼等殘渣的容器。

〈**中國料理的餐具配置例**〉
①杯子　②中國酒用杯
③筷子　④調羹
⑤裝殘渣的容器　⑥取用盤
⑦餐巾　⑧裝湯的深盤

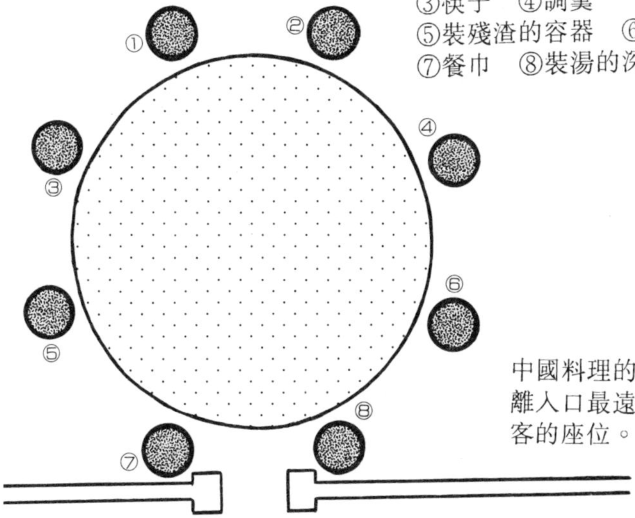

中國料理的席次，
離入口最遠處是主
客的座位。

◎用餐前

使用筷子和調羹的方法

在中國餐廳經常會使用象牙或類似象牙的筷子，這種長而滑的筷子是很難使用的。就像日本的筷子一樣前端較細，又沒有止滑的地方。在夾菜的時候，需要非常謹慎，和吃日本料理時使用筷子的禮儀是一樣的，使用方法要正確。

含筷、揪筷、挪筷等的動作，都在禁止之列。不能夠因爲筷子滑，就用筷子插東西，更不能夠用筷子來耙菜，這些事項都必須一一注意。

如果不習慣使用中國式的筷子，可以請服務生爲您準備湯匙或筷子。剛開始就有這層顧慮時，事先就告知服務生會較好。

在中國料理中，筷子會配上調羹。調羹會置於小盤上，用餐時調羹是非常重要的餐具。

喝湯時，用右手拿著調羹，舀起湯來飲用。即使不是湯，而是勾芡的或有湯汁的料理，這時也可以使用調羹把蔬菜、肉類同時舀起來。這麼一來，就能夠享受到更美味的料理。

和日本料理不一樣，中國式
筷子和調羹是縱向並列的。
休息時，筷子要放在筷架上，
湯匙要放在調羹架上。
雖然筷子很滑，
但是絕對不可以
用插刺的方法刺。
拿調羹和拿湯匙一樣，
使用拿鉛筆的方式。
使用調羹時，
不要碰撞餐具
發出聲音。

◎用餐前

使用旋轉桌時要注意的事

中國料理的特徵就是採用圓桌，圓桌的中央有一個高起來的旋轉桌，當大盤的料理端上來時，就放在這桌上。一邊轉著這圓桌，一邊把自己的那一分菜夾進自己的小盤中，然後才享用。本來平常不太習慣使用這種旋轉桌，所以很可能一不留意就會出錯。在此試述使用旋轉桌的重點。

◇旋轉桌旋轉的方向由主客往左轉

料理端上桌以後，首先把料理轉到主客的前面，由主客開始取用料理，然後再輪到主客左邊的人取用，旋轉的方向是以順時鐘方向爲原則。

◇不可以把自己的餐具放在旋轉桌上

旋轉桌是放置大盤料理與調味料的地方，因此個人所取用的盤子、杯子等餐具，絕對不可以放在旋轉桌上。當旋轉桌旋轉的時候，自己的餐具可能會飛出桌外，所以不要把自己的餐具放在旋轉桌上。

取用盤都放在每個人的前面，不會放在旋轉桌上。不過別人爲你斟酒時，也許會不小

心把酒杯遺忘在旋轉桌上，所以要特別留意。

◇要特別注意轉桌子的時機

轉旋轉桌時，不能夠太突然，否則會違反了禮儀。如果有人在這時候取用料理，對對方就顯得太失禮了。因此必須要先注意周圍的情況，觀察到確實沒有人取用料理時，這時才輕輕地轉動旋轉桌。

還有，端大盤的麵出來時，會附有夾麵的器具，因此在轉旋轉桌時，要預防夾用的器具飛出桌外或掉落出來，而碰撞到周圍的茶杯。

◇充分利用旋轉桌

雖然使用旋轉桌時，有許多需要留意的事項，不過只要多加小心，使用旋轉桌是非常便利的。如此一來，不需要伸長手去夾遠處的料理，因此可以積極地享用各種飲食。

◎用餐前

料理的分配使用時

中國料理大盤的料理包括十六人的分量，依餐廳的不同，有時候服務人員會把料理分配到每個人的取用盤上。不過大都是由主客開始依序取用。

由於同桌的人都是由一個大餐盤中分別取用，所以爲了避免造成後面的人的困擾，取用時要維持餐盤的整潔。

旋轉旋轉桌，把料理夾到自己的面前。取用料理時，使用大盤上的湯匙或叉子、筷子等來夾取。如果沒有附上夾取的器具，也可以使用自己的筷子或調羹。使用自己的筷子時，不需把自己的筷子反過來夾。

當服務人員爲客人分配料理的時候，可以用單手掌握湯匙和叉子，不過如果你也要學他，卻有可能會失敗。因此還是像平常一樣，右手拿湯匙，左手拿叉子來夾取料理，會比較容易。

還有，要注意不要從盤子中央取用料理，恐怕會破壞盤上料理的秩序與平衡，必須要從盤子的一端開始取用。

用雙手拿著夾用的餐
具，要注意夾用時，
避免食物掉出餐盤外。

取用料理時，把自己的取用小盤置於旋轉桌下邊。取用食物時，不可以把取用小盤拿起來。雖然取用料理時，只用右手拿叉子或湯匙，這時左手雖然空著，也不能夠拿取用盤。必須要把取用盤放在桌上來夾取料理。

夾取好食物以後，把湯匙或叉子放回大盤邊。湯匙放在下面，叉子放在上面。

取用時，必須要注意取用的分量。如果自己比別人先取用時，這時要注意應該要留下幾人分的食物，這是很重要的。要注意不可取用過量，還有不能夠只取料理的主菜或主要的配料，這是不成熟的作法。

取用料理要適量，一開始時最好是要夾得少一些。待食物有剩餘時再夾取，會比較適當。

◎用餐前

享用時的方法和基本禮儀

享用中國料理時，是大家在和睦的氣氛下，一起享用大盤中的料理。基本上都是在獨特的情況下一起用餐，然而在用餐時，也有其基本的禮儀。

中國料理特有的約束，爲不能夠用手拿著盤子。從大盤中取用食物，在使用旋轉桌時，必須把盤子放在桌上。還有，從取用盤中夾取食物享用時，也不可以把取用盤拿到嘴邊，必須要把盤子放在桌上，只能夠用筷子或湯匙送到口中。

基本上，較正式的作法是一道料理配一個專用的取用盤。中國料理樣式豐富，調味上大都採用勾芡，所以如果使用同一個盤子，會使味道混淆。如果在桌上沒有預備取用盤時，可以請服務人員拿來。

據說在中國當地是把蝦殼、魚骨等殘渣吐在地板上，但是在日本就不能夠這麼做了。可以把食物殘渣集中放在盤子的旁邊，或是放在收集殘渣的容器中。

中國料理的禮儀

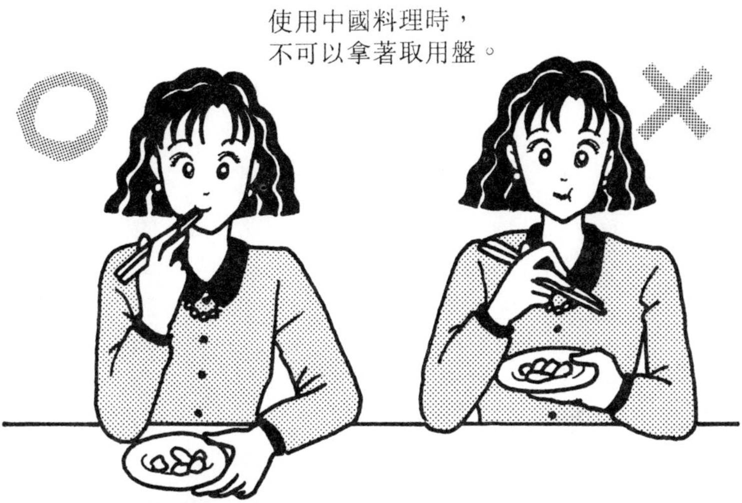
使用中國料理時，
不可以拿著取用盤。

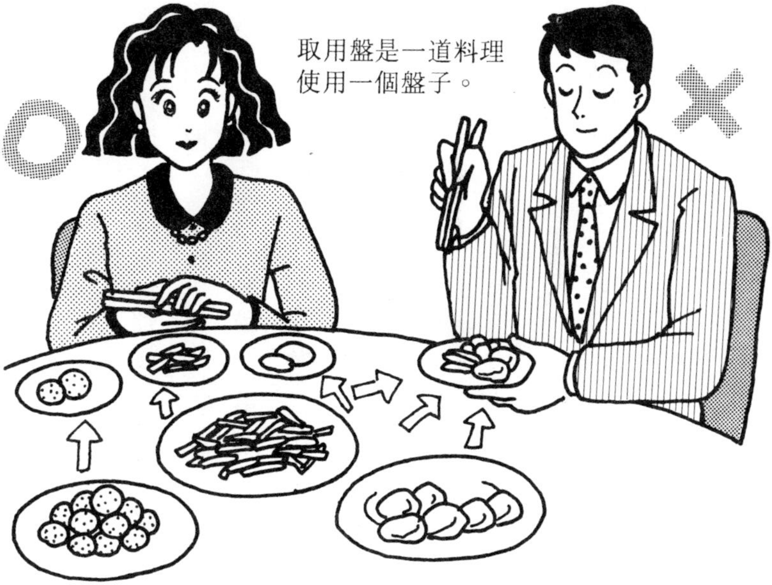
取用盤是一道料理
使用一個盤子。

◎用餐時

避免破壞前菜料理上的整潔

前菜是表現師傅手藝的菁華，是非常講究的料理，所以要特別注意會有很多難以取用的食物。前菜有時候是冷的料理，有時候是熱的料理。最先端出來的是冷盤（冷菜），例如：海蜇皮、雞肉，以及用果膠做成的料理等等，裝飾得非常美麗。當用小盤取用時，不可以弄亂這些擺飾。切片的肉類和蔬菜整齊地排列在盤子上，取用時不可以過分粗魯，必須要依序取用。這麼一來，也方便後來取用的人夾取。

用蔬菜或皮等素材包起來的料理，取用時要注意不能夠使其散開來，先完整地夾放到自己的小盤。雙手使用叉子和湯匙，把各種捲起來的食物小心地放在湯匙上，如此較容易食用。還有，經常會有用馬鈴薯或冬粉炸成有如筐子一般的食物，在裡面會放入炒過的料理。取用其中的料理時，也要同時取用像筐子一般的食物。這時可以用叉子和湯匙切開筐子，一起把料理和像筐子一般的食物夾放到取用小盤中。

爲了避免筐中的料理掉落出來，可以把取用盤移到大盤的附近，把料理取放至小盤中。還有，這種料理必須趁食物還熱時來享用。

取用時，由大盤中取用一分自己的料理，放到取用盤中，要注意不可取用過量。

使用取用餐具時，右手拿湯匙，左手拿叉子。

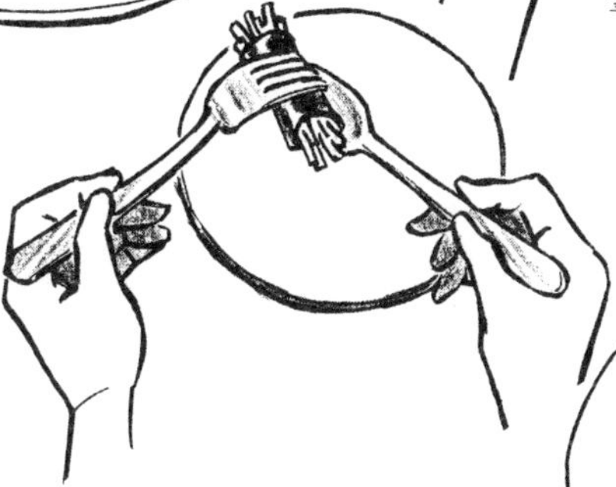

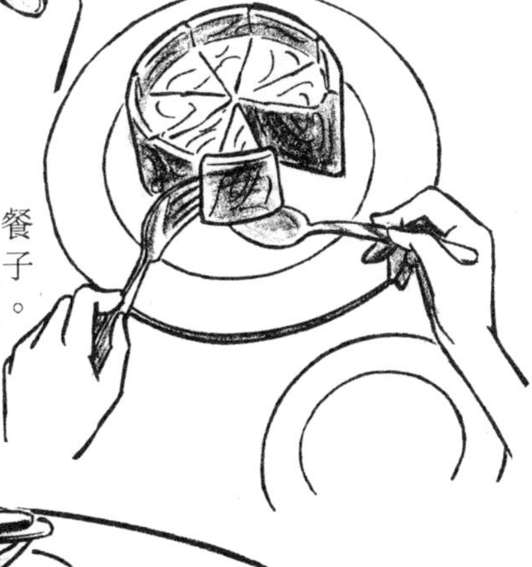

筐子內的前菜，用取用餐具切開筐子，然後連筐子一起放入自己的盤子裡。

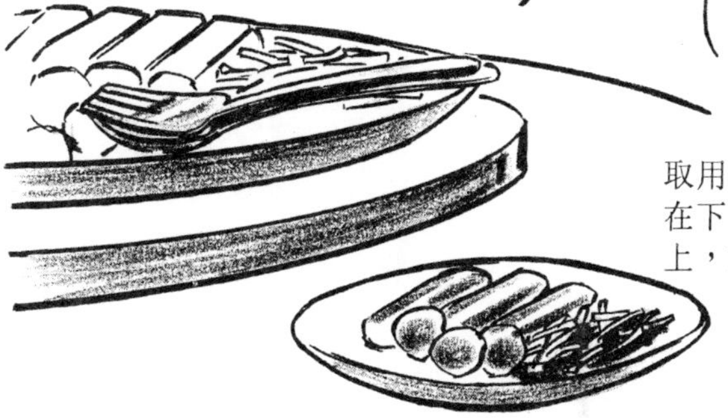

取用的餐具通常調羹在下，湯匙疊於叉子上，放在大盤旁邊上。

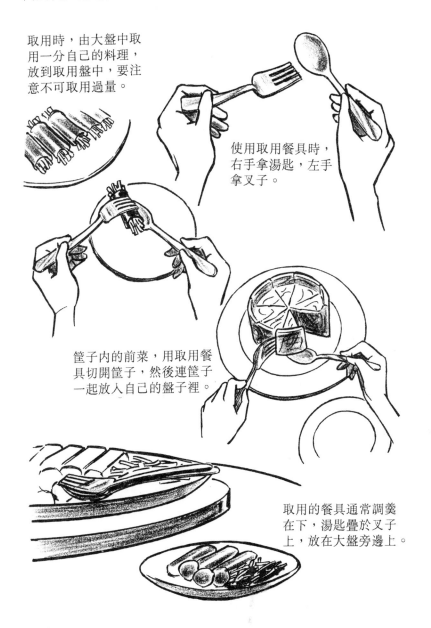

◎用餐時

上海蟹／帶殼的蝦／油炸鯉魚

◇上海蟹

每年的十月到十一月，是上海的上海蟹盛產的時候，也是秋天味覺上的一大享受。肥胖的小螃蟹內部充滿了卵，是人間美味。

調理方法很多，有時蒸，有時用酒來泡，有時是帶殼調理，有時是切成大塊，所以吃的時候必須要有點技術。

不過在吃這道料理時，並不需要特別的禮儀。可以使用雙手咬食，或是把殼含在嘴中來吃。如果螃蟹用繩子綁著的時候，可以拆下繩子，然後用左手壓住螃蟹的下側，再用右手剝開上面的殼。

然後開始吃殼裡面的蛋，接著把螃蟹剝成一半，用叉子把蟹肉舀在盤子上，再用筷子來吃。

如果無法順利剝出蟹肉，可以把殼含在嘴裡來吃，不過去殼的時候，必須要掩嘴。弄髒的手如果有洗指缽時，可用洗指缽裡的水來洗乾淨。

◇帶殼的蝦

蝦子是中國料理不可或缺的素材。蝦子的種類繁多，有伊勢蝦、芝蝦、草蝦、大正蝦，使用在各種料理中。

這是非常美味，並且使用範圍極爲廣泛的素材。日本人也很喜歡蝦子料理。吃起來較費工夫的是勾芡的辣醋蝦，勾芡的蝦料理通常是使用車蝦、芝蝦等，大都是帶殼的大蝦。

這時可以用手抓著蝦子，並把殼剝下來；或是用筷子壓著蝦子，並用另一隻手剝蝦子。如果使用手剝蝦子，必須要在洗指鉢中馬上把手洗乾淨，再用餐巾擦乾手指。

如果不想弄髒手，可以用雙手各拿一隻筷子，左手的筷子壓住蝦殼，右手的筷子則從蝦子的腹部切下，並把其中的蝦肉挑出來。

不論使用哪一種方法去殼，都要用筷子來享用蝦肉。

如果是小型的蝦子，可以把整隻蝦放入口中，然後才把殼吐出來。吐出殼時，必須要用手遮口，這時可以用筷子或口來盛接吐出來的蝦殼，然後再把蝦殼扔到放殘渣的容器中。

◇油炸整條鯉魚

油炸鯉魚通常會加上蔬菜，用酸甜醬勾芡，如糖醋鯉魚就是中國料理中不可或缺的豪

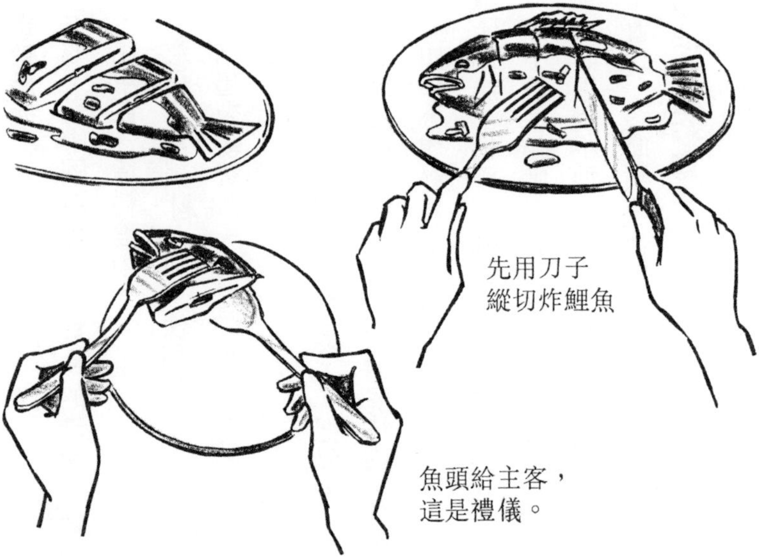

先用刀子
縱切炸鯉魚

魚頭給主客，
這是禮儀。

華料理之一。只是在夾取這道豪華料理時，會令你覺得不安。

當這道料理上桌時，左手拿著叉子壓鯉魚的身體，用刀子縱切之後，再用叉子和湯匙取放到自己的小盤中。如果沒有刀子時，再用湯匙來舀魚肉。必須要注意取用魚肉時，保持料理的整潔。

如果事先已經切好，就沿著切口取用。和和食一樣，不能夠把魚翻面，還有可以把調味料放在魚肉上享用。鯉魚經油炸以後，連骨頭都會很酥脆，所以可以安心享用。

有時候，這道料理是由服務人員負責分配。這時可交由服務人員來做，通常鯉魚頭必須分配給主客。如果沒有服務人員服務時，主人就必須爲客人分配這道料理。

①吃上海蟹時，要先
剝開上面的殼。

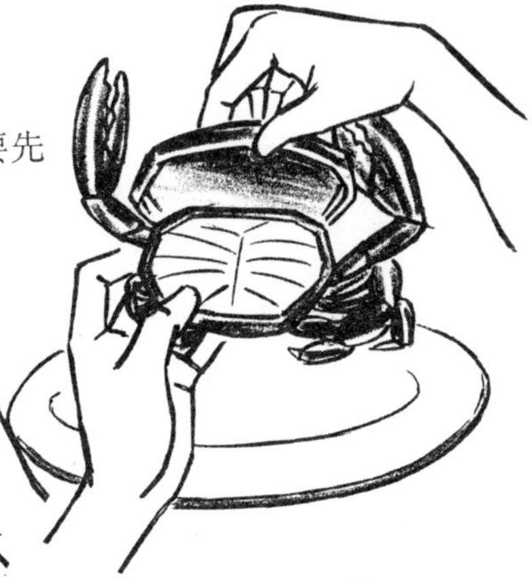

②把蟹身折成一半，再用
專用的叉子叉出蟹肉來，
然後才用筷子來吃。

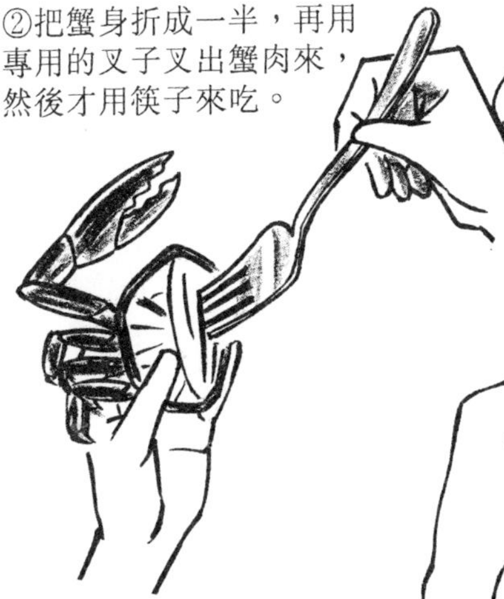

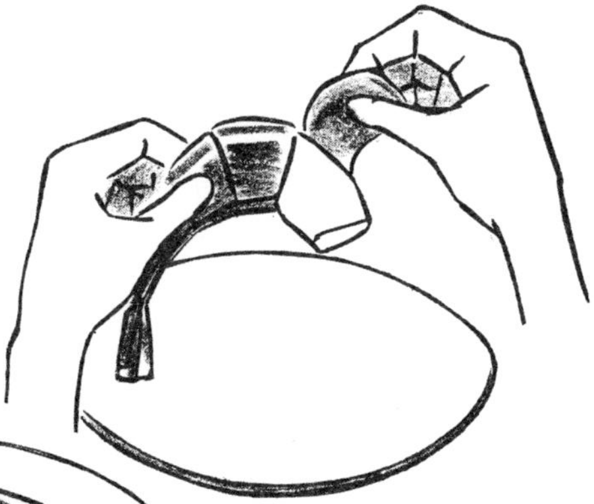

可以直接用手
剝蝦皮。

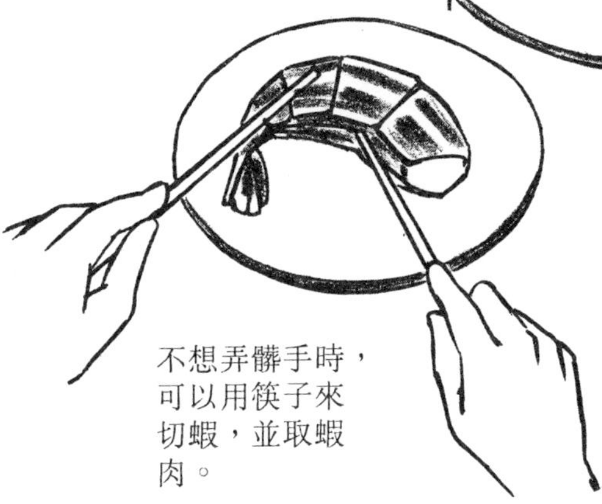

不想弄髒手時，
可以用筷子來
切蝦，並取蝦
肉。

◎用餐時

捲緊北京烤鴨

中國肉料理之首爲北京烤鴨，是特別飼養來食用的北京鴨，把整隻鴨放入專用的烤爐燒烤。

燒烤時，不斷地塗上糖漿，甚至於燒烤時的燃料木材也非常考究，才能烤出呈咖啡色的烤鴨。這是非常高級的肉類料理，大都是出現在宴會或接待會上。

北京烤鴨不只是吃其肉，也吃皮的部分。

依餐廳的不同，有時候服務人員會把整隻烤鴨端到衆人的面前，切開呈咖啡色脆皮的烤鴨。服務人員連皮帶肉斜切，吃在口中只覺得皮非常酥脆，肉非常柔軟，這是一道絕妙美味的料理。

有的餐廳會讓師傅現場表演切開鴨肉的切工，有的餐廳則是在廚旁就把肉切好，把整盤肉端出來。這時，可以用麵粉做成的小薄餅拿來包鴨肉並享用。

首先，把薄餅攤開置於手掌上。如果薄餅大於手掌，也可以放在盤子上。

然後在薄餅中央塗上特製的味噌（甜麵醬），然後放上北京烤鴨，以及適量的蔥和小

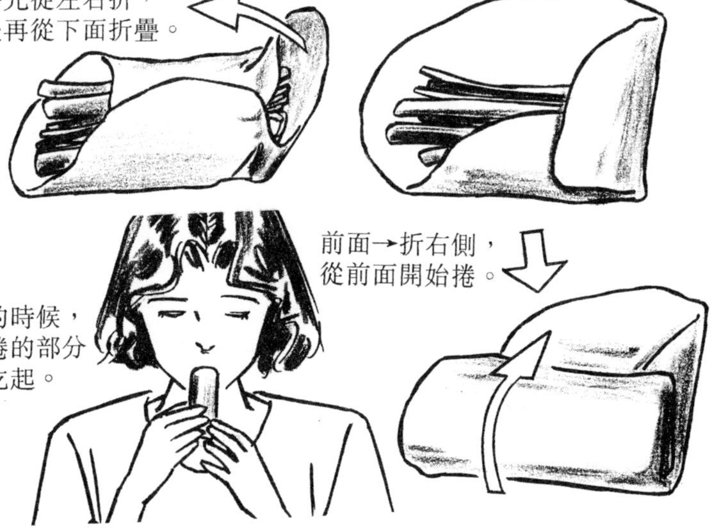
薄餅先從左右折，
然後再從下面折疊。
前面→折右側，
從前面開始捲。
吃的時候，
從捲的部分
先吃起。

黃瓜，再捲起來吃。

若包捲的方法是，剛開始時，把薄餅的左右邊捲起來，然後再由前面捲，這種捲法很容易使裡面的餡料露出來，所以，建議各位採用下一種方法。

先把身前的薄餅大約三分之一左右處朝內面折，然後再折右側的薄餅，最後由前面一直捲至另一側，再從開口的那一端開始吃。

不論是哪一種方法，吃的時候要用雙手握緊，以避免其中的餡料掉落。佈置餡料時，必須使用筷子，除此以外都是使用手，所以並不會太困難。

如果薄餅捲好之後放得太久，會喪失鴨皮的酥脆感，所以捲好以後要儘快地吃。

◎用餐時

採用盤上的萵苣作生菜包

生菜包正如其名一般，是用蔬菜捲包起來的料理。捲包的材料是牛肉、雞肉等，以肉類爲主，再加上竹筍、香菇、堅果類，把這些材料切細以後再炒，然後再用萵苣包起來吃。依餐廳的不同，有時也會加入油炸的米粉。

通常這道菜是盛在裡面的一個大盤中，另一盤則是萵苣菜。這道料理採用爽口的蔬菜，配上調過味的材料。蔬菜吃起來清脆而爽口，是非常受歡迎的一道料理。

通常使用的萵苣葉會把葉邊剪掉，使葉片呈碗狀。先拿一片萵苣葉放在盤子上，因爲手有熱度所以不能夠放在手上，然後用盤子裡的夾用工具，把大盤中的料理放在萵苣中。夾放料理時，必須要適量，不可過量，以免不容易包捲，或者會使味道太強。

還有，可以取用調味的味噌海鮮醬與調味汁，就像捲北京烤鴨的薄餅一樣，先折前面再折右側，依序折疊，最後捲起即可享用。捲的時候，必須要注意不要使裡面的材料掉落出來，並且要使用雙手來吃。

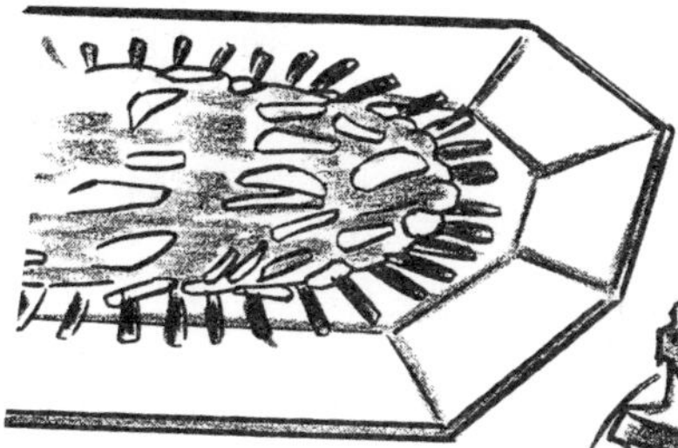

①先把萵苣放在
盤子上，加入餡料。

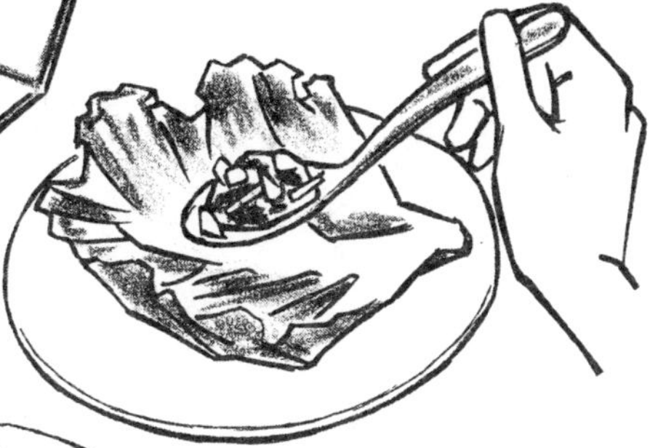

如果餡料太多，
就不容易包好。

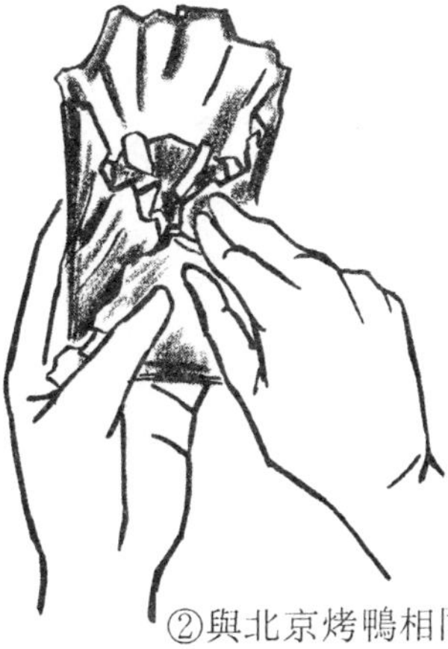

②與北京烤鴨相同
的要領包起來。

③要注意包得整潔，
不要使裡面的餡料
掉出來，要用雙手拿好。

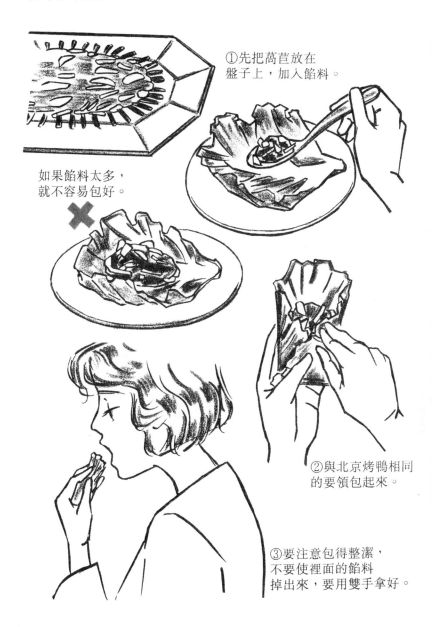

◎用餐時

麵類／粥

◇麵類

中國料理中，我們最熟悉的就是麵類。通常吃麵的時候會附上調羹，這時左手拿著調羹右手拿著筷子。用筷子夾麵條，放在調羹中再享用，看起來會比較優雅。享用中國料理中的麵時，不可以像吃日本麵一樣，發出聲音來。這是違反禮儀的，必須安靜地享用。

喝湯時，不能夠直接把碗端起來喝，必須要使用調羹。這時必須要換右手拿調羹，而且喝湯的時候也不能夠發出聲音。還有，四川料理的代表性麵類，是沒有湯的擔擔麵。這種麵類會淋上令人辣得發慌的肉醬，吃的時候要先拌勻再享用。

◇粥

中國料理的粥和日本人所熟悉的粥是不相同的，通常會加入肉、魚、皮蛋、鮑魚、干貝等材料，有的還會加入用麵粉炸成的油條、青菜等。

食用的方法並不困難，如果用耙食的方式來吃就很不優雅。吃的時候，必須要拿好調羹，舀起粥來放到嘴邊，從調羹的旁邊來吃。吃粥時，也不能夠發出聲音。

吃拉麵時，用左手拿著調羹來接比較方便。

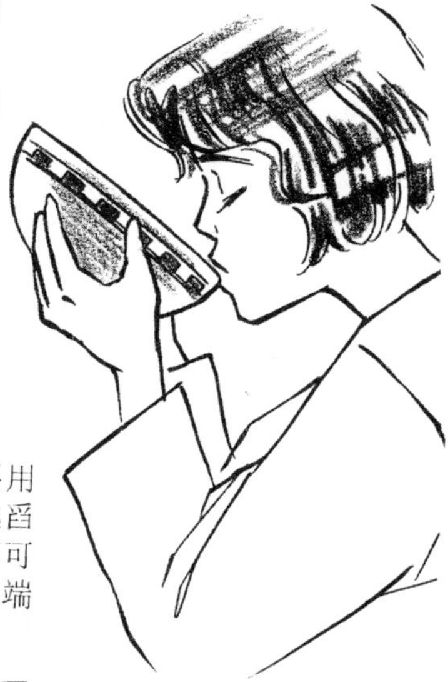

喝湯時，要用右手拿湯匙舀湯來喝，不可以直接把碗端起來喝。

吃粥時，一般附有小碗，要先把粥舀到小碗中，才用調羹來舀食。

◎用餐時

中國酒的種類和中國式的乾杯

中國的古書與漢詩經常會提到喝酒的場面，由此可知中國人飲酒的歷史久遠，一說有四千年以上。當然，酒的種類非常豐富。

首先，酒精濃度五十%以上的是白酒，這是一種蒸餾酒，無色透明，口感與香味都非常好，中國酒中最具代表性的就是這類酒。其中有四大名產，即貴州省所產的「茅台酒」、山西省所產的「汾酒」、陝西省所產的「西鳳酒」、四川省所產的「老窖酒」。

黃色酒是使用糯米、小米所釀造的酒，日本稱之爲老酒。帶有黃紅色的酒，酒精濃度是在十五～二十%之間。這種黃酒以浙江省紹興地區的「紹興酒」最有名，還有辣味的「元紅酒」、甜味的「香雪酒」，也極受歡迎。其他的果實酒有以荔枝製成的「荔枝酒」和葡萄酒，也深受歡迎。有名的啤酒包括「青島啤酒」或「海鷗啤酒」，酒精濃度爲三%，比日本所產的啤酒酒精濃度較低。

另外，也有與宴會無關的酒精飲料，是爲了滋養強壯的藥用酒（烈酒），種類非常豐富。

在享用中國料理的同時，要有中國式的乾杯才能夠帶動得了氣氛。在中國式的宴會

中國式的乾杯必須要把酒喝乾，
並把杯底展示給對方看。如果是
不能喝酒的人，就不要勉強。
喝紹興酒時，務必在加入
砂糖以前，先飲用看看。

中，會有反覆好幾次的乾杯。這時必須要彼此互相把自己杯中的酒喝完，讓對方看到自己的杯底。如果是不會喝酒的人，就不需要這麼勉強。通常在乾杯時，都使用這種白酒。

如果空腹飲用酒精濃度較強的白酒，可能會造成胃部的不舒服，因此喝酒以前，必須適度食用有油的料理。

一般的酒席大都使用紹興酒。日本的中國料理店喝紹興酒時，都會附上冰砂糖，不過這並非正式的飲用方法。

當然，你可以使用砂糖，不過在加入砂糖以前，最好是品嚐一下紹興酒的原味。也有人是溫過紹興酒以後再飲用。在寒冷的季節時，把紹興酒溫熱了再飲用，會比較適合。

◎用餐時

各種中國茶

爽口的中國茶非常適合油膩的料理。中國茶的種類非常多，依照其製造方法可以區分爲以下六類：

【綠茶】茶葉未經過發酵所製成的，這也是日本綠茶的元祖。在這其中以江蘇省杭州所出產的「龍井茶」，香氣和味道都非常好，配稱爲銘茶。

【紅茶】在中國，茶葉充分發酵而製成紅茶。中國雲南省的「滇紅」，茶葉肉厚而香，備受好評。

【烏龍茶】一提到中國茶，就會聯想起烏龍茶。烏龍茶是半發酵茶的一種，在中國也稱爲「青茶」。最有名的是福建省武夷山所產的「鐵觀音」。生產量較少，所以是屬於茶中的高級品。雲南省所產的「普洱茶」口味豐富，這種茶有其特殊的味道，而且具有很高的脂肪分解效力，具有減肥效果。

【白茶】使茶葉發酵，維持在八分之一左右的茶，色、味、香都非常淡。以福建省所產的「白牡丹」最有名。

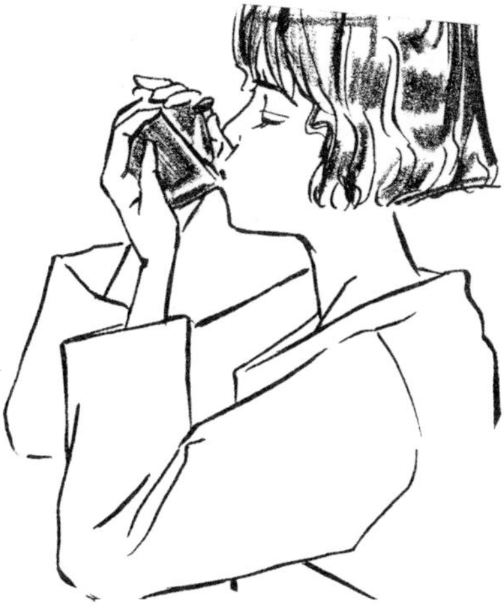

喝茶時，稍微
挪開杯蓋來喝，
要避免喝到茶葉。

倒茶時，必須要用一隻手
壓住壺蓋。同時，要注意
別人的茶是否已經喝完，
並爲其倒茶。

【花茶】綠茶的一種，具有花香味。在中國有玫瑰花、桂花、梔枝花等各種種類的花茶，日本最普遍的是加入茉莉的「茉莉花茶」。這種茶有撲鼻的香味，享用過油膩的料理以後，再喝這種花茶，會予人清爽感。

【緊壓茶】茶葉蒸過以後，將之壓成圓形或方形的茶磚。

最近，日本的中國料理店供應茶葉的種類也增加了，可以按照自己的喜好來點茶。一般餐廳提供的茶，以烏龍茶和茉莉花茶最多。

一般都是把茶放在茶壺中端出來，如果沒有服務人員時，作東的主人要爲所有的客人倒茶，或大家輪流爲自己倒茶。依餐廳的不同，有的是每個人都有個大茶杯，放入茶葉後，要等茶葉沉下去，把杯蓋稍微挪開，再飲用。

◎用餐時

飲茶

最近在日本備受矚目的是飲茶專門店，飲茶深受日本人歡迎。

其實茶是廣東料理的一部分，一邊享用點心類的食物一邊喝茶。中國當地喝的茶大都是烏龍茶，是整壺端上桌。

茶可以隨己意添加。不需要把服務人員叫過來，這時只要挪開茶壺蓋一點點，或是把茶壺蓋拿下來，服務人員就會自動來加熱水。

飲茶的點心類依照餐廳的不同，而有所差異，一般都是用推車推出來。推車中有數十種種類的點心，可以自由地選擇。

點心是分量較少的食物，有以鹹味爲主的鹹點心和以甜味爲主的甜點。通常是裝在小蒸籠或小盤子裡，每一道點心的量都非常少，可以一次享受種類非常豐富的食物。

由於每一道點心都非常精緻耀眼，因此你會想要嚐試每一道點心。如果一次點得太多，會吃不完，這必須要留意。

最受歡迎的鹹點心是餃子、燒賣、春捲。在日本是通常在快餐便當菜中可以見到的菜

餚，而在中國當地卻只是他們的點心。

此外，還有加入叉燒肉的叉燒包、肉粽、腸粉、炸芋餃，以及蒸的珍珠丸子。

甜的點心有果醬餅、蒸的蜂蜜蛋糕、加入核桃的饅頭、布丁、杏仁豆腐、麻糬、年糕小豆湯等。

種類非常多。

還有，飲茶時，也提供麵類。享用飲茶時，並沒有特別需要注意的禮儀，只要有技巧地點茶，就可以品嚐種類繁多的美食。

鹹味點心的調理方法很多，有蒸、燒烤的、油炸的、炒的。其食材也非常豐富，因此在點菜時，盡可能選擇素材、調理方法，以及調味上不同的料理。如果從菜單上無法看出來，可以詢問服務人員。

專欄

泡美味的中國茶的方法

和日本綠茶、英國紅茶一樣，也有其獨特的泡製方法。利用其獨特方法泡出來的中國茶，風味絕佳。

一定要使用熱水與先溫茶具爲其重點。中國式的茶具包括茶壺與被稱著茶船的小茶杯。剛開始時，用熱水澆淋茶船和茶杯，然後再把熱水注入茶壺中，使其溫熱；再度把茶壺注滿熱水。蓋上壺蓋以後，再淋上熱水。接著把茶杯中的熱水倒盡，再把茶壺中的茶分別倒入茶杯中。

剩下的茶可以倒進裝茶的容器中，待茶杯中的茶喝完，還可以再倒。

PART 4

派對的禮儀

◎出席派對前

各種派對

出席派對的機會非常多，例如：結婚喜宴、大學畢業典禮酒會、謝師宴、公司創立紀念派對等。最近、有人為了擴大社交圈或變換家中的氣氛，而會在家中舉行派對。

派對的形式有數種。

◇晚餐派對

在數種派對中，這是屬於格調較高的派對。通常會指定服裝與座位，提供西洋料理和日本料理套餐，如結婚喜宴的形式。

◇自助餐派對

公司所召開的大都是自助餐派對。本來自助餐派對都是採用有座位式的，但是最近都是採用站立式的。

一般會招待客人採用自助餐廳式的料理，被招待的客人各自自由取用料理，再到旁邊的小桌子一邊談話一邊用餐。

這種派對的主要目的並不是用餐，所以才會站著吃。這種派對的主要目的是和友人愉

快地談話，在宴會上互相介紹朋友，拓展人際關係。

◇**雞尾酒會**

在日本並不流行雞尾酒會，這種派對是在黃昏至夜晚之間舉行。提供的料理是分量較少的酒菜，飲料有雞尾酒或威士忌等。

◇**茶會**

在喝茶的時間和大家一起同樂，通常與會的人數較少。這時主人會提供親手製作的糕點，大家手拿著紅茶或咖啡閒談。

◇**壺杯派對**

出席者各自帶料理和飲料來參加派對。也許你並不熟悉這名稱，但是參加過這種派對的人肯定不少。

◎參加派對之前

接受派對的招待

通常如果是在家中舉行的派對，主人會利用電話通知你這消息。如果是租借會場來舉行的派對，通常主人會寄出邀請函。邀請函上會註明舉辦派對的目的、會場、時間，因此絕對不能遺失這邀請函。

有的會附上是否出席的回條用明信片，或是註明用電話聯絡，必須要提早給予答覆。如果註明用電話聯絡，不要認爲電話隨時都可以打，而等到派對的前一天才聯絡，應該要儘早回覆。

接受喜宴的招待時，除了出缺席的情況以外，有的是邀請你在喜宴上致詞的情形。一般的派對都是在平常上班日子的夜晚，所以大部分的人都是在下了班以後就出席。如果時間允許，不妨先回家洗澡，事前就必須要留意。當天上班時，要準備適當的服飾。服飾也要依據派對的目的，在不會對主辦人造成失禮的情況下，本人也能充分享受派對的樂趣。

但是實際上是難以兼顧的，通常在夜晚時分舉行的派對，都是在六點鐘或七點鐘時開

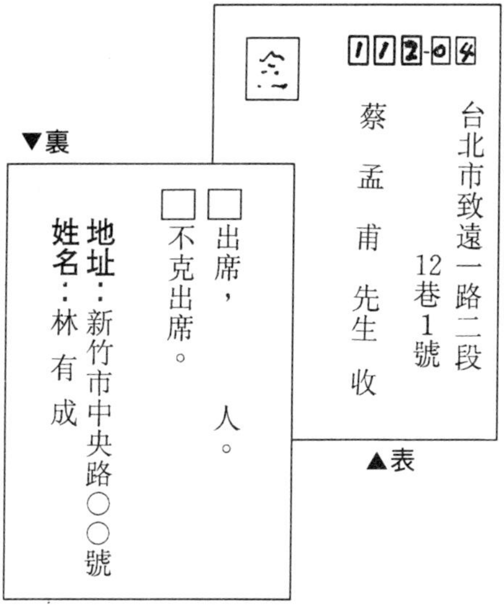
▼裏
□出席，　人。
□不克出席。
地址：新竹市中央路○○號
姓名：林有成
112-04
台北市致遠一路二段
12巷1號
蔡孟甫先生收
▲表

寄出回條，一般都以明信片夾在邀請函、喜帖內，請務必填寫寄回，以便讓主人較精準的計算出席人數。

始，雖然想要先回家，但是下班的時間已經太晚了。因此女性在這一天上班以前，必須要準備好晚上參加宴會時，所需要配戴的裝飾品、圍巾、皮帶、皮靴等小東西，預設派對的情況而作準備。

如果男性還是穿著單色的灰色服裝去參加派對，是不太適合的。如果是公司的新產品發表會等公司的派對，穿著上班的西裝就沒問題。有時候，必須要考慮到派對性質的不同，要在上班以前先準備一套更換的西裝和領帶，帶到公司去會比較好。

萬一已經回信說明要參加宴會，卻突然臨時有事，這時必須要儘早通知對方。尤其像招待會這種型式的派對，座位都已經決定好了，所以要事先聯絡，以免造成主人的困擾。

◎參加派對之前

視派對類別而穿著服裝

接到派對的邀請函時，也許你會想到應該要穿甚麼樣式的服裝。

你能夠依照派對的形式、時間，以及其格調來作爲穿著服裝的標準。

晚上的派對是格調最高的晚餐宴會，不論男女都要以穿著正式禮服的原則。通常男性是穿燕尾服，女性是晚禮服，不過這是皇室或財政界的正式派對的穿著，一般的結婚喜宴等，並不需要這麼穿。

雞尾酒會必須要穿著正式的禮服，男性可以穿燕尾服或雙排的運動式西裝，而女性則穿著正式的套裝或非正式的晚禮服。

參加自助餐會時，一般是穿著標準禮服或簡便的禮服。男性可以穿著黑色的西裝或深色的西裝，以及解排運動式的西裝。女性可以穿著一件式正式的套裝或非正式的晚禮服等，在不失禮的程度下妝扮自己。

以上所述爲一般的穿著參考。當然，穿著的服裝必須根據主辦者與出席者的容飾來考量派對的情況而有所差別，因此穿著的衣服是否適當，就要顧慮到出席宴會的性質了。

必須要事先準備好
參加派對的服飾

◎參加派對時的基本禮儀

晚宴的基本禮儀

出席派對的機會非常多，尤其是結婚喜宴，因此在此以結婚喜宴爲例，簡介必須要注意的事項。

◇不能夠遲到

在此再三提醒各位，結婚喜宴是時間早就確定了。如果遲到會違反禮儀，必須非常注意。進入會場時，主人和女主人會非常正式地站在門口接待客人。結婚喜宴時，新郎、新娘、媒人，以及兩家的雙親都會出列歡迎客人。

這時要注意的是表達感謝招待的言語不能夠太長，必須要顧慮到後面還有很多出席者正在等待。這時可以簡單地說：「非常恭喜！」這樣就可以了。

◇閒聊須有所節制

在結婚喜宴上，大都是學生時代的朋友聚集在一起，彷彿是在同學會上相見一般，因此閒聊必須要有所節制。

至少在乾杯之前必須要保持肅靜，這是禮儀。等到料理上桌以後，這才是閒談的時

間，由於喜宴上的料理是屬於套餐，因此必須要顧慮到用餐的禮儀。用餐時交談，也務必要壓低音量。

◇必須要充分準備好演講稿

如果受邀發表演講，本人在發表談話以前，會非常緊張，根本無法享受面前的飲食。要等到自己被點名，然後才能安下心來致以賀意，所以事前必須要做充分的準備。

有人在發表賀辭時，附近的人必須要放下手上的餐具，停止用餐，細心聆聽他人的演講，這是一種禮貌。

◇必須和同桌的人積極地談話

特別是坐在圓桌時，也會與不認識的人同坐，這時不能夠只和自己的朋友聊天，必須找個話題和其他人交談。

◎參加派對時的基本禮儀

參加自助餐式的餐會

站著吃的自助式餐會較為輕鬆，但是如果不熟悉這種餐會的形式，反而會覺得很拘謹。

要如何抱著輕鬆的心情享受自助餐式餐會，在此試簡介如下：

自助餐式餐會和接待會的形式是不一樣的，不是每個人都有一個座位。如果主辦的時間有註明何時開始何時結束，一般只要在這時間出現即可。即使是非常忙的人，也可以視自己的方便而選擇適合的時間，就會方便多了。

雖然時間很自由，但是如果能夠儘早把自己的事情處理好，最好是儘早在舉行的時間內出現。舉辦的時間到了時，主人會出來迎接客人，這時可以表達感謝之意與祝賀之辭，簡短地寒暄以後，進入會場。如果無法準時參加，最好是趕在主人出迎的這段時間到達。

進入會場以後，服務人員會先送上飲料，這是飯前酒。通常飯前酒都是葡萄酒或香檳。

要注意拿酒杯的方式，像拿葡萄酒的酒杯一樣，只拿住杯腳。如果是其他的酒杯，可

左手拿著餐盤和叉子，右手使用夾用的餐具，較易於操作。

以用餐巾包著杯子來拿。因爲沾上了冰霜會太冷，用餐巾包著就能夠防止這些問題。

還有，不可以品嚐太多種類的酒，否則不合禮儀；最好是只品嚐一種酒。

看情況就可以取用料理了，先拿小盤再拿叉子。這時左手拿著盤子，把叉子放在盤子的前面，並用左手的拇指壓住叉子，然後用右手把桌上的料理夾放在盤子中。這種取法較優雅。

料理最好是依序取用較好，先取用前菜，然後再拿魚、肉、甜點。

當然，一個盤子是無法完全裝上這些料理的，所以不妨多取用幾次，不要因爲嫌麻煩而把盤子裝得滿滿的，這樣並不雅觀。取用的時候，必須要使用料理旁邊的使用工具。

◎參加派對的基本禮儀

自助式餐會的基本禮儀

◇重點不在於料理而在於和樂地閒聊

參加自助式餐會時，要避免吃個不停。因爲參加這種餐會的目的，是爲了和更多的人見面寒暄，擴展人際關係，目標並不在於吃。

◇取完料理以後要馬上離開

不要一直在餐桌旁打轉，這是很不雅的行爲。取用適量的料理以後，要馬上離開餐桌旁，回到旁邊的小桌上，與同桌的人一邊閒聊一邊用餐。

◇不要一次取用過多的料理

盤子裡堆的料理有如山高，會喪失了禮儀，並且食物混在一起，也會使味道混淆。因爲此，好是在一個盤子裡只裝上二～三道料理，較爲適當。如果取用的料理吃不完，是很失禮的行爲。所以必須要先衡量自己能夠吃多少，才適量取用。吃得乾淨才合乎禮儀。

◇使用過的餐具類不可以放在餐桌上

正在使用的盤子或玻璃杯絕對不能夠放在料理的主餐桌上。使用過的餐具不想再用

時，可以放在小桌子上。待服務人員經過時，可以把餐具放在他的托盤上，讓他收走。

取用了料理以後，端著盤子在會場內走時，經常會發生事故。所以在場內走的時候，最好手上只拿著杯子。當然不可以一邊走一邊吃，這是非常荒謬的行爲。

◇不要忘了向主辦人打招呼

不要忘了向主辦人打招呼，對於其招待致以謝意。不過必須要長話短說，不要獨占主辦者的時間。

◇不要霸占椅子

在會場的周圍擺放著的椅子，是爲了疲累的人與年長的人而設的。如果你想要休息一下，可以坐一會兒，但是不能夠長坐在椅子上與他人閒聊。

專欄

外國的「乾杯」

在任何派對中，即使大家的國籍不同，還是會進行「乾杯」的儀式，只是會因國情的不同，而有不同的形式。

較特別的是瑞典，進行乾杯的形式非常嚴密，而且規矩非常嚴謹。當主人說：「乾杯」時，大家才拿起酒杯。拿起來時，從腰部至眼部之間畫個弧，然後說：「乾杯。」這時要注視著對方，在視線交集的時候乾杯。乾杯以後，把杯子朝著主人的方向致敬。

中國式的乾杯是在用餐中途，即魚翅湯上桌時進行的。而且是反覆數次進行乾杯，乾杯的時候必須要喝乾杯中的酒，才合乎禮儀。

俄國式的乾杯必須要一口氣喝乾杯中的酒，還有在寒暄的時候，要語帶幽默。

附　錄

餐桌禮儀的 Q&A

Q　受邀至餐廳用晚餐，是否可以帶小孩同行呢？

A　到餐廳用晚餐時，最好是不要帶小孩同行。

尤其是格調較高的餐廳很注重店內的氣氛。雖然小孩受過良好的敎養，但是舉止還是會不如大人成熟穩重，如果要強迫他們表現得像大人一樣，是很可憐的。

晚餐是大人們享受樂趣的時光，所以最好是不要帶小孩同去。

不過如果是家族性的用餐或親戚之間的聚餐，就另當別論了。這時可以事先告知餐廳小孩子的人數，讓對方了解。

Q　結賬的時候，經常是所有的人聚集在結賬處，是否有更灑脫的方法呢？

A　在外國，服務人員會把賬單送到用餐的地方，這時一起付上餐費與小費即可。在日本，大致上都是必須由自己把賬單拿到櫃檯處去繳納。

不過如果是派對，招待會或約會時，最好是事先支付會比較好。如果是大家聚集在一起圍在付費的地方，不但會造成店方的困擾，同時付費的人也會覺得不好意思。最好是在用過餐後，上廁所的時候，順便去支付費用。然後才大家一起退席。

Q　左撇子是否可以請餐廳更換餐具的配置？

A　關於餐廳餐具的配置，不論是哪一家餐廳都是相同的擺置。這是爲慣用右手的人所做的配置，因此左撇子用起來會覺得很不方便。

如果事先告知餐廳，餐廳就會事先更換擺設。如果事先溝通，用餐時就能夠享受美食。

有些料理會使用銀器的餐具，如果事先告知餐廳，他們也會爲你準備好左撇子的擺設。自己不需要動手移動餐具，可以勞駕服務人員來做。

Q　飯店的早餐有水煮蛋，在吃水煮蛋時，是否有要注意的禮儀呢？

A　大致上，詢問外國的飯店對於煮蛋的方法，通常有半熟的Soft－Boiled，以及全熟的Hard－Boiled，荷包蛋有Fried Sunny Side up 二種，放在湯裡面煮成半熟的Poached，以及炒蛋Scrambled。

其實並沒有特別繁雜的吃蛋方法。鹹肉蛋火腿蛋是使用刀叉，從左邊開始一口一口地切下來吃。炒蛋則是用右手拿著叉子，舀起來吃。

通常半熟的水煮蛋是放在蛋杯上端出來的，這時可以用湯匙的背面敲打蛋頭，把上半部的蛋殼剝下來。

然後再用湯匙把裡面的蛋舀起來吃，可以按照自己的口味加鹽來吃。

取用桌上的鹽或胡椒時，可麻煩同桌的人代爲傳遞。把手伸到別人的面前去拿，是很不雅的。

Q　最近咖哩專賣店增加了，吃咖哩是否有正式的吃法？

A　日本式是把飯和咖哩分別裝在兩個不同的容器端上來。在咖哩醬中附有很大的湯匙，用這湯匙把咖哩醬淋在飯上面，淋的量依自己的喜好而定，可以全部淋上，也可以一口一口地加。然後也可以用湯匙取用放在碟子旁的調味醬菜。英國式的是使用叉子，這時可以用叉子稍微把飯壓緊，以方便舀食。

最近，咖哩專賣店並非以飯為主食，而是以印度的麵餅為主食的較多。印度麵餅的吃法是吃一口麵餅，然後舀起咖哩來吃，當然可以用湯匙舀咖哩來吃。一口麵餅，一口咖哩。

Q　一道料理二人分，可以嗎？會被別人笑嗎？

A　如果因為自己的料理非常好吃，而希望伙伴也吃一口，要怎麼做呢？這時如果和伙伴交換盤子來吃，或是伸手到對方的盤子取用料理，是不太優雅的行為。這時可以請服務人員給你一個小盤子，用小盤子來分食；把小盤子放到料理盤旁邊，再把料理放到小盤子裡。

一對男女一起用餐時，男性是主角。如果一開始就知道要共享一道料理的時候，可以事先請服務人員把料理分成二分，如此會比較適當。

Q 在較高級的料理店享用會席便當，是否有吃便當的方法呢？

A 便當有各式各樣的種類。一般料理店的會席料理和茶懷石形式的料理，是使用四方形、半圓形、五角形等的便當盒，裝成的「會席便當」。吉兆料理店的主人模仿江戶時代書畫家松花堂昭乘的書畫箱，當作餐具。從那時候開始，「松花堂便當」就非常有名，接著又有「信玄便當」，以及以前在劇院中的演員們常吃的「幕內便當」。這些都是會席便當的代表種類。

當然，會席便當有其吃法，但是並不特別。先翻開蓋子，放在桌下，或是放在便當盒下面。吃的時候，必須要從左前方依序下筷，要儘早吃完生魚片，最後才吃醬菜，這和和食料理的儀式是相似的。

Q　是不是可以把生魚片的配菜全部吃完？

A　即使是一人分的生魚片，也會附上很多的配菜，如白蘿蔔絲、海草、紫蘇葉等，裝飾得非常美麗。

胡蘿蔔絲的色彩能夠提高食慾，不僅如此，還能夠去除殘留在口中的生魚片腥味，所以不只是有裝飾作用而已，可以大膽地去吃。

如果同時吃生魚片和蘿蔔絲會不太好，最好是交互食用。

此外，裝飾的菊花和紫蘇葉等都可以吃。

Q　受邀至日本料理店用餐，但是卻非常擔心無法跪坐，如果腳麻了該如何是好？

A　最近日本人的生活日趨西化，所以跪坐的機會也非常少了。有時候，到日本料理店用餐時，不得不跪坐，而使很多人感到不安。

跪坐的時候，腳拇趾必須要重疊，如此就不容易腳麻。之後要經常動一動腳拇趾，以促進血液循環。如果穿著和服時，可以鬆開日本式襪子最上面的扣子，如此坐起來會有很大的不同。

當然，這麼做並無法保證腳不會麻。如果在跪坐時發現腳麻，不要馬上站起來，可以先跪坐在坐墊上踮起腳尖，然後把臀部墊在腳跟上，過一會兒情況就會改善。

如果是沒有自信跪坐的人，可以穿著較寬鬆的裙子或洋裝，以便蓋住腳部。如果覺得腳麻時，可以稍微變換一下腳部的位置，上半身卻要一直保持著筆直的美麗姿態。

Q　我要邀請親近的朋友到家中來聚會，要使聚會成功的秘訣是甚麼？

A　要有充分的準備，不要等到前一天才到處張羅。料理要採用味道能夠持久的食物，主人才能夠事先把這些料理準備妥當。飲料可依照出席者的喜好，多準備幾種。

要確定舉辦餐會的目的，才能夠確實享受聚會的樂趣。即使舉辦的目的只是爲了慶祝生日，或是搬新家，讓大家品嚐新酒，或是慶祝剛飼養寵物等，都能夠增加聚會的樂趣。

Q　受邀參加宴席時，有一些料理實在無法下嚥，是自己所厭惡的食物，這時該怎麼辦呢？

A　如果沒有吃主人所招待的食物而剩下來，這是很失禮的行爲。尤其是出席招待會時，更是需要吃完所有的食物，可是任何人都會有其飲食上的偏好。有的人不敢吃雞皮，有的人對青椒過敏等等。

雖然在飲食上有所偏好，但是在這種情況下必須要勉強地吃下，否則不合禮儀。有的人對於特定的食物會產生過敏，這時則可以不下筷，讓食物留下來。絕對不可以拿著筷子翻找自己要吃的食物；一旦送進口中的食物，也不可以再拿出來。

大展出版社有限公司
品冠文化出版社

地址：台北市北投區(石牌)
致遠一路二段 12 巷 1 號
郵撥：01669551＜大展＞
電話：(02)28236031
28236033
傳真：(02)28272069

圖書目錄

法律專欄連載・大展編號 58

台大法學院 法律學系／策劃
法律服務社／編著

1.	別讓您的權利睡著了(1)	200 元
2.	別讓您的權利睡著了(2)	200 元

・生活廣場・品冠編號 61・

1.	366 天誕生星	李芳黛譯	280 元
2.	366 天誕生花與誕生石	李芳黛譯	280 元
3.	科學命相	淺野八郎著	220 元
4.	已知的他界科學	陳蒼杰譯	220 元
5.	開拓未來的他界科學	陳蒼杰譯	220 元
6.	世紀末變態心理犯罪檔案	沈永嘉譯	240 元
7.	366 天開運年鑑	林廷宇編著	230 元
8.	色彩學與你	野村順一著	230 元
9.	科學手相	淺野八郎著	230 元
10.	你也能成為戀愛高手	柯富陽編著	220 元
11.	血型與十二星座	許淑瑛編著	230 元
12.	動物測驗—人性現形	淺野八郎著	200 元
13.	愛情、幸福完全自測	淺野八郎著	200 元
14.	輕鬆攻佔女性	趙奕世編著	230 元
15.	解讀命運密碼	郭宗德著	200 元
16.	由客家了解亞洲	高木桂藏著	220 元

・女醫師系列・品冠編號 62

1.	子宮內膜症	國府田清子著	200 元
2.	子宮肌瘤	黑島淳子著	200 元
3.	上班女性的壓力症候群	池下育子著	200 元
4.	漏尿、尿失禁	中田真木著	200 元
5.	高齡生產	大鷹美子著	200 元
6.	子宮癌	上坊敏子著	200 元

7. 避孕	早乙女智子著	200 元
8. 不孕症	中村春根著	200 元
9. 生理痛與生理不順	堀口雅子著	200 元
10. 更年期	野末悅子著	200 元

・傳統民俗療法・品冠編號 63

1. 神奇刀療法	潘文雄著	200 元
2. 神奇拍打療法	安在峰著	200 元
3. 神奇拔罐療法	安在峰著	200 元
4. 神奇艾灸療法	安在峰著	200 元
5. 神奇貼敷療法	安在峰著	200 元
6. 神奇薰洗療法	安在峰著	200 元
7. 神奇耳穴療法	安在峰著	200 元
8. 神奇指針療法	安在峰著	200 元
9. 神奇藥酒療法	安在峰著	200 元
10. 神奇藥茶療法	安在峰著	200 元
11. 神奇推拿療法	張貴荷著	200 元

・彩色圖解保健・品冠編號 64

1. 瘦身	主婦之友社	300 元
2. 腰痛	主婦之友社	300 元
3. 肩膀痠痛	主婦之友社	300 元
4. 腰、膝、腳的疼痛	主婦之友社	300 元
5. 壓力、精神疲勞	主婦之友社	300 元
6. 眼睛疲勞、視力減退	主婦之友社	300 元

・心 想 事 成・品冠編號 65

1. 魔法愛情點心	結城莫拉著	120 元
2. 可愛手工飾品	結城莫拉著	120 元
3. 可愛打扮 & 髮型	結城莫拉著	120 元
4. 撲克牌算命	結城莫拉著	120 元

・少年偵探・品冠編號 66

1. 怪盜二十面相	江戶川亂步著	特價 189 元
2. 少年偵探團	江戶川亂步著	特價 189 元
3. 妖怪博士	江戶川亂步著	特價 189 元
4. 大金塊	江戶川亂步著	特價 230 元
5. 青銅魔人	江戶川亂步著	特價 230 元
6. 地底魔術王	江戶川亂步著	特價 230 元

7. 透明怪人　江戶川亂步著　特價 230 元
8. 怪人四十面相　江戶川亂步著　特價 230 元
9. 宇宙怪人　江戶川亂步著　特價 230 元
10. 恐怖的鐵塔王國　江戶川亂步著　特價 230 元
11. 灰色巨人　江戶川亂步著　特價 230 元
12. 海底魔術師　江戶川亂步著　特價 230 元
13. 黃金豹　江戶川亂步著
14. 魔法博士　江戶川亂步著
15. 馬戲怪人　江戶川亂步著
16. 魔人銅鑼　江戶川亂步著
17. 魔法人偶　江戶川亂步著
18. 奇面城的秘密　江戶川亂步著
19. 夜光人　江戶川亂步著
20. 塔上的魔術師　江戶川亂步著
21. 鐵人Q　江戶川亂步著
22. 假面恐怖王　江戶川亂步著
23. 電人M　江戶川亂步著
24. 二十面相的詛咒　江戶川亂步著
25. 飛天二十面相　江戶川亂步著
26. 黃金怪獸　江戶川亂步著

・武 術 特 輯・大展編號 10

1. 陳式太極拳入門　馮志強編著　180 元
2. 武式太極拳　郝少如編著　200 元
3. 練功十八法入門　蕭京凌編著　120 元
4. 教門長拳　蕭京凌編著　150 元
5. 跆拳道　蕭京凌編譯　180 元
6. 正傳合氣道　程曉鈴譯　200 元
7. 圖解雙節棍　陳銘遠著　150 元
8. 格鬥空手道　鄭旭旭編著　200 元
9. 實用跆拳道　陳國榮編著　200 元
10. 武術初學指南　李文英、解守德編著　250 元
11. 泰國拳　陳國榮著　180 元
12. 中國式摔跤　黃　斌編著　180 元
13. 太極劍入門　李德印編著　180 元
14. 太極拳運動　運動司編　250 元
15. 太極拳譜　清・王宗岳等著　280 元
16. 散手初學　冷　峰編著　200 元
17. 南拳　朱瑞琪編著　180 元
18. 吳式太極劍　王培生著　200 元
19. 太極拳健身與技擊　王培生著　250 元
20. 秘傳武當八卦掌　狄兆龍著　250 元
21. 太極拳論譚　沈　壽著　250 元

22. 陳式太極拳技擊法	馬　虹著	250 元
23. 二十四式/三十二式 太極拳/劍	闞桂香著	180 元
24. 楊式秘傳 129 式太極長拳	張楚全著	280 元
25. 楊式太極拳架詳解	林炳堯著	280 元
26. 華佗五禽劍	劉時榮著	180 元
27. 太極拳基礎講座：基本功與簡化 24 式	李德印著	250 元
28. 武式太極拳精華	薛乃印著	200 元
29. 陳式太極拳拳理闡微	馬　虹著	350 元
30. 陳式太極拳體用全書	馬　虹著	400 元
31. 張三豐太極拳	陳占奎著	200 元
32. 中國太極推手	張　山主編	300 元
33. 48 式太極拳入門	門惠豐編著	220 元
34. 太極拳奇人奇功	嚴翰秀編著	250 元
35. 心意門秘籍	李新民編著	220 元
36. 三才門乾坤戊己功	王培生編著	220 元
37. 武式太極劍精華 +VCD	薛乃印編著	350 元
38. 楊式太極拳	傅鐘文演述	200 元
39. 陳式太極拳、劍 36 式	闞桂香編著	250 元
40. 正宗武式太極拳	薛乃印著	220 元
41. 杜元化＜太極拳正宗＞考析	王海洲等著	300 元
42. ＜珍貴版＞陳式太極拳	沈家楨著	元
43. 24 式太極拳＋VCD	中國國家體育總局著	350 元

・原地太極拳系列・大展編號 11

1. 原地綜合太極拳 24 式	胡啟賢創編	220 元
2. 原地活步太極拳 42 式	胡啟賢創編	200 元
3. 原地簡化太極拳 24 式	胡啟賢創編	200 元
4. 原地太極拳 12 式	胡啟賢創編	200 元

・名師出高徒・大展編號 111

1. 武術基本功與基本動作	劉玉萍編著	200 元
2. 長拳入門與精進	吳彬　等著	220 元
3. 劍術刀術入門與精進	楊柏龍等著	220 元
4. 棍術、槍術入門與精進	邱丕相編著	220 元
5. 南拳入門與精進	朱瑞琪編著	220 元
6. 散手入門與精進	張　山等著	220 元
7. 太極拳入門與精進	李德印編著	元
8. 太極推手入門與精進	田金龍編著	元

・實用武術技擊・大展編號 112

1.	實用自衛拳法	溫佐惠著	250 元
2.	搏擊術精選	陳清山等著	220 元
3.	秘傳防身絕技	陳炳崑著	230 元

・道學文化・大展編號 12

1.	道在養生：道教長壽術	郝 勤等著	250 元
2.	龍虎丹道：道教內丹術	郝 勤著	300 元
3.	天上人間：道教神仙譜系	黃德海著	250 元
4.	步罡踏斗：道教祭禮儀典	張澤洪著	250 元
5.	道醫窺秘：道教醫學康復術	王慶餘等著	250 元
6.	勸善成仙：道教生命倫理	李 剛著	250 元
7.	洞天福地：道教宮觀勝境	沙銘壽著	250 元
8.	青詞碧簫：道教文學藝術	楊光文等著	250 元
9.	沈博絕麗：道教格言精粹	朱耕發等著	250 元

・易學智慧・大展編號 122

1.	易學與管理	余敦康主編	250 元
2.	易學與養生	劉長林等著	300 元
3.	易學與美學	劉綱紀等著	300 元
4.	易學與科技	董光壁著	280 元
5.	易學與建築	韓增祿著	280 元
6.	易學源流	鄭萬耕著	280 元
7.	易學的思維	傅雲龍等著	250 元
8.	周易與易圖	李 申著	250 元

・神算大師・大展編號 123

1.	劉伯溫神算兵法	應 涵編著	280 元
2.	姜太公神算兵法	應 涵編著	280 元
3.	鬼谷子神算兵法	應 涵編著	280 元
4.	諸葛亮神算兵法	應 涵編著	280 元

・秘傳占卜系列・大展編號 14

1.	手相術	淺野八郎著	180 元
2.	人相術	淺野八郎著	180 元
3.	西洋占星術	淺野八郎著	180 元
4.	中國神奇占卜	淺野八郎著	150 元

5. 夢判斷	淺野八郎著	150 元
6. 前世、來世占卜	淺野八郎著	150 元
7. 法國式血型學	淺野八郎著	150 元
8. 靈感、符咒學	淺野八郎著	150 元
9. 紙牌占卜術	淺野八郎著	150 元
10. ESP 超能力占卜	淺野八郎著	150 元
11. 猶太數的秘術	淺野八郎著	150 元
12. 新心理測驗	淺野八郎著	160 元
13. 塔羅牌預言秘法	淺野八郎著	200 元

・趣味心理講座・大展編號 15

1. 性格測驗① 探索男與女	淺野八郎著	140 元
2. 性格測驗② 透視人心奧秘	淺野八郎著	140 元
3. 性格測驗③ 發現陌生的自己	淺野八郎著	140 元
4. 性格測驗④ 發現你的真面目	淺野八郎著	140 元
5. 性格測驗⑤ 讓你們吃驚	淺野八郎著	140 元
6. 性格測驗⑥ 洞穿心理盲點	淺野八郎著	140 元
7. 性格測驗⑦ 探索對方心理	淺野八郎著	140 元
8. 性格測驗⑧ 由吃認識自己	淺野八郎著	160 元
9. 性格測驗⑨ 戀愛知多少	淺野八郎著	160 元
10. 性格測驗⑩ 由裝扮瞭解人心	淺野八郎著	160 元
11. 性格測驗⑪ 敲開內心玄機	淺野八郎著	140 元
12. 性格測驗⑫ 透視你的未來	淺野八郎著	160 元
13. 血型與你的一生	淺野八郎著	160 元
14. 趣味推理遊戲	淺野八郎著	160 元
15. 行為語言解析	淺野八郎著	160 元

・婦 幼 天 地・大展編號 16

1. 八萬人減肥成果	黃靜香譯	180 元
2. 三分鐘減肥體操	楊鴻儒譯	150 元
3. 窈窕淑女美髮秘訣	柯素娥譯	130 元
4. 使妳更迷人	成　玉譯	130 元
5. 女性的更年期	官舒妍編譯	160 元
6. 胎內育兒法	李玉瓊編譯	150 元
7. 早產兒袋鼠式護理	唐岱蘭譯	200 元
8. 初次懷孕與生產	婦幼天地編譯組	180 元
9. 初次育兒 12 個月	婦幼天地編譯組	180 元
10. 斷乳食與幼兒食	婦幼天地編譯組	180 元
11. 培養幼兒能力與性向	婦幼天地編譯組	180 元
12. 培養幼兒創造力的玩具與遊戲	婦幼天地編譯組	180 元
13. 幼兒的症狀與疾病	婦幼天地編譯組	180 元

14. 腿部苗條健美法	婦幼天地編譯組	180 元
15. 女性腰痛別忽視	婦幼天地編譯組	150 元
16. 舒展身心體操術	李玉瓊編譯	130 元
17. 三分鐘臉部體操	趙薇妮著	160 元
18. 生動的笑容表情術	趙薇妮著	160 元
19. 心曠神怡減肥法	川津祐介著	130 元
20. 內衣使妳更美麗	陳玄茹譯	130 元
21. 瑜伽美姿美容	黃靜香編著	180 元
22. 高雅女性裝扮學	陳珮玲譯	180 元
23. 蠶糞肌膚美顏法	坂梨秀子著	160 元
24. 認識妳的身體	李玉瓊譯	160 元
25. 產後恢復苗條體態	居理安・芙萊喬著	200 元
26. 正確護髮美容法	山崎伊久江著	180 元
27. 安琪拉美姿養生學	安琪拉蘭斯博瑞著	180 元
28. 女體性醫學剖析	增田豐著	220 元
29. 懷孕與生產剖析	岡部綾子著	180 元
30. 斷奶後的健康育兒	東城百合子著	220 元
31. 引出孩子幹勁的責罵藝術	多湖輝著	170 元
32. 培養孩子獨立的藝術	多湖輝著	170 元
33. 子宮肌瘤與卵巢囊腫	陳秀琳編著	180 元
34. 下半身減肥法	納他夏・史達賓著	180 元
35. 女性自然美容法	吳雅菁編著	180 元
36. 再也不發胖	池園悅太郎著	170 元
37. 生男生女控制術	中垣勝裕著	220 元
38. 使妳的肌膚更亮麗	楊 皓編著	170 元
39. 臉部輪廓變美	芝崎義夫著	180 元
40. 斑點、皺紋自己治療	高須克彌著	180 元
41. 面皰自己治療	伊藤雄康著	180 元
42. 隨心所欲瘦身冥想法	原久子著	180 元
43. 胎兒革命	鈴木丈織著	180 元
44. NS 磁氣平衡法塑造窈窕奇蹟	古屋和江著	180 元
45. 享瘦從腳開始	山田陽子著	180 元
46. 小改變瘦 4 公斤	宮本裕子著	180 元
47. 軟管減肥瘦身	高橋輝男著	180 元
48. 海藻精神秘美容法	劉名揚編著	180 元
49. 肌膚保養與脫毛	鈴木真理著	180 元
50. 10 天減肥 3 公斤	彤雲編輯組	180 元
51. 穿出自己的品味	西村玲子著	280 元
52. 小孩髮型設計	李芳黛譯	250 元

・青 春 天 地・大展編號 17

1. A 血型與星座	柯素娥編譯	160 元
2. B 血型與星座	柯素娥編譯	160 元

3.	O 血型與星座	柯素娥編譯	160 元
4.	AB 血型與星座	柯素娥編譯	120 元
5.	青春期性教室	呂貴嵐編譯	130 元
7.	難解數學破題	宋釗宜編譯	130 元
9.	小論文寫作秘訣	林顯茂編譯	120 元
11.	中學生野外遊戲	熊谷康編著	120 元
12.	恐怖極短篇	柯素娥編譯	130 元
13.	恐怖夜話	小毛驢編譯	130 元
14.	恐怖幽默短篇	小毛驢編譯	120 元
15.	黑色幽默短篇	小毛驢編譯	120 元
16.	靈異怪談	小毛驢編譯	130 元
17.	錯覺遊戲	小毛驢編著	130 元
18.	整人遊戲	小毛驢編著	150 元
19.	有趣的超常識	柯素娥編譯	130 元
20.	哦！原來如此	林慶旺編譯	130 元
21.	趣味競賽 100 種	劉名揚編譯	120 元
22.	數學謎題入門	宋釗宜編譯	150 元
23.	數學謎題解析	宋釗宜編譯	150 元
24.	透視男女心理	林慶旺編譯	120 元
25.	少女情懷的自白	李桂蘭編譯	120 元
26.	由兄弟姊妹看命運	李玉瓊編譯	130 元
27.	趣味的科學魔術	林慶旺編譯	150 元
28.	趣味的心理實驗室	李燕玲編譯	150 元
29.	愛與性心理測驗	小毛驢編譯	130 元
30.	刑案推理解謎	小毛驢編譯	180 元
31.	偵探常識推理	小毛驢編譯	180 元
32.	偵探常識解謎	小毛驢編譯	130 元
33.	偵探推理遊戲	小毛驢編譯	180 元
34.	趣味的超魔術	廖玉山編著	150 元
35.	趣味的珍奇發明	柯素娥編著	150 元
36.	登山用具與技巧	陳瑞菊編著	150 元
37.	性的漫談	蘇燕謀編著	180 元
38.	無的漫談	蘇燕謀編著	180 元
39.	黑色漫談	蘇燕謀編著	180 元
40.	白色漫談	蘇燕謀編著	180 元

・健康天地・大展編號 18

1.	壓力的預防與治療	柯素娥編譯	130 元
2.	超科學氣的魔力	柯素娥編譯	130 元
3.	尿療法治病的神奇	中尾良一著	130 元
4.	鐵證如山的尿療法奇蹟	廖玉山譯	120 元
5.	一日斷食健康法	葉慈容編譯	150 元
6.	胃部強健法	陳炳崑譯	120 元

7. 癌症早期檢查法	廖松濤譯	160 元
8. 老人痴呆症防止法	柯素娥編譯	170 元
9. 松葉汁健康飲料	陳麗芬編譯	150 元
10. 揉肚臍健康法	永井秋夫著	150 元
11. 過勞死、猝死的預防	卓秀貞編譯	130 元
12. 高血壓治療與飲食	藤山順豐著	180 元
13. 老人看護指南	柯素娥編譯	150 元
14. 美容外科淺談	楊啟宏著	150 元
15. 美容外科新境界	楊啟宏著	150 元
16. 鹽是天然的醫生	西英司郎著	140 元
17. 年輕十歲不是夢	梁瑞麟譯	200 元
18. 茶料理治百病	桑野和民著	180 元
19. 綠茶治病寶典	桑野和民著	150 元
20. 杜仲茶養顏減肥法	西田博著	170 元
21. 蜂膠驚人療效	瀨長良三郎著	180 元
22. 蜂膠治百病	瀨長良三郎著	180 元
23. 醫藥與生活㈠	鄭炳全著	180 元
24. 鈣長生寶典	落合敏著	180 元
25. 大蒜長生寶典	木下繁太郎著	160 元
26. 居家自我健康檢查	石川恭三著	160 元
27. 永恆的健康人生	李秀鈴譯	200 元
28. 大豆卵磷脂長生寶典	劉雪卿譯	150 元
29. 芳香療法	梁艾琳譯	160 元
30. 醋長生寶典	柯素娥譯	180 元
31. 從星座透視健康	席拉・吉蒂斯著	180 元
32. 愉悅自在保健學	野本二士夫著	160 元
33. 裸睡健康法	丸山淳士等著	160 元
34. 糖尿病預防與治療	藤山順豐著	180 元
35. 維他命長生寶典	菅原明子著	180 元
36. 維他命 C 新效果	鐘文訓編	150 元
37. 手、腳病理按摩	堤芳朗著	160 元
38. AIDS 瞭解與預防	彼得塔歇爾著	180 元
39. 甲殼質殼聚糖健康法	沈永嘉譯	160 元
40. 神經痛預防與治療	木下真男著	160 元
41. 室內身體鍛鍊法	陳炳崑編著	160 元
42. 吃出健康藥膳	劉大器編著	180 元
43. 自我指壓術	蘇燕謀編著	160 元
44. 紅蘿蔔汁斷食療法	李玉瓊編著	150 元
45. 洗心術健康秘法	竺翠萍編譯	170 元
46. 枇杷葉健康療法	柯素娥編譯	180 元
47. 抗衰血癒	楊啟宏著	180 元
48. 與癌搏鬥記	逸見政孝著	180 元
49. 冬蟲夏草長生寶典	高橋義博著	170 元
50. 痔瘡・大腸疾病先端療法	宮島伸宜著	180 元

51. 膠布治癒頑固慢性病　加瀨建造著　180 元
52. 芝麻神奇健康法　小林貞作著　170 元
53. 香煙能防止癡呆？　高田明和著　180 元
54. 穀菜食治癌療法　佐藤成志著　180 元
55. 貼藥健康法　松原英多著　180 元
56. 克服癌症調和道呼吸法　帶津良一著　180 元
57. B 型肝炎預防與治療　野村喜重郎著　180 元
58. 青春永駐養生導引術　早島正雄著　180 元
59. 改變呼吸法創造健康　原久子著　180 元
60. 荷爾蒙平衡養生秘訣　出村博著　180 元
61. 水美肌健康法　井戶勝富著　170 元
62. 認識食物掌握健康　廖梅珠編著　170 元
63. 痛風劇痛消除法　鈴木吉彥著　180 元
64. 酸莖菌驚人療效　上田明彥著　180 元
65. 大豆卵磷脂治現代病　神津健一著　200 元
66. 時辰療法—危險時刻凌晨 4 時　呂建強等著　180 元
67. 自然治癒力提升法　帶津良一著　180 元
68. 巧妙的氣保健法　藤平墨子著　180 元
69. 治癒 C 型肝炎　熊田博光著　180 元
70. 肝臟病預防與治療　劉名揚編著　180 元
71. 腰痛平衡療法　荒井政信著　180 元
72. 根治多汗症、狐臭　稻葉益巳著　220 元
73. 40 歲以後的骨質疏鬆症　沈永嘉譯　180 元
74. 認識中藥　松下一成著　180 元
75. 認識氣的科學　佐佐木茂美著　180 元
76. 我戰勝了癌症　安田伸著　180 元
77. 斑點是身心的危險信號　中野進著　180 元
78. 艾波拉病毒大震撼　玉川重德著　180 元
79. 重新還我黑髮　桑名隆一郎著　180 元
80. 身體節律與健康　林博史著　180 元
81. 生薑治萬病　石原結實著　180 元
82. 靈芝治百病　陳瑞東著　180 元
83. 木炭驚人的威力　大槻彰著　200 元
84. 認識活性氧　井土貴司著　180 元
85. 深海鮫治百病　廖玉山編著　180 元
86. 神奇的蜂王乳　井上丹治著　180 元
87. 卡拉 OK 健腦法　東潔著　180 元
88. 卡拉 OK 健康法　福田伴男著　180 元
89. 醫藥與生活(二)　鄭炳全著　200 元
90. 洋蔥治百病　宮尾興平著　180 元
91. 年輕 10 歲快步健康法　石塚忠雄著　180 元
92. 石榴的驚人神效　岡本順子著　180 元
93. 飲料健康法　白鳥早奈英著　180 元
94. 健康棒體操　劉名揚編譯　180 元

95. 催眠健康法　蕭京凌編著　180 元
96. 鬱金（美王）治百病　水野修一著　180 元
97. 醫藥與生活(三)　鄭炳全著　200 元

・實用女性學講座・大展編號 19

1. 解讀女性內心世界　島田一男著　150 元
2. 塑造成熟的女性　島田一男著　150 元
3. 女性整體裝扮學　黃靜香編著　180 元
4. 女性應對禮儀　黃靜香編著　180 元
5. 女性婚前必修　小野十傳著　200 元
6. 徹底瞭解女人　田口二州著　180 元
7. 拆穿女性謊言 88 招　島田一男著　200 元
8. 解讀女人心　島田一男著　200 元
9. 俘獲女性絕招　志賀貢著　200 元
10. 愛情的壓力解套　中村理英子著　200 元
11. 妳是人見人愛的女孩　廖松濤編著　200 元

・校園系列・大展編號 20

1. 讀書集中術　多湖輝著　180 元
2. 應考的訣竅　多湖輝著　150 元
3. 輕鬆讀書贏得聯考　多湖輝著　180 元
4. 讀書記憶秘訣　多湖輝著　180 元
5. 視力恢復！超速讀術　江錦雲譯　180 元
6. 讀書 36 計　黃柏松編著　180 元
7. 驚人的速讀術　鐘文訓編著　170 元
8. 學生課業輔導良方　多湖輝著　180 元
9. 超速讀超記憶法　廖松濤編著　180 元
10. 速算解題技巧　宋釗宜編著　200 元
11. 看圖學英文　陳炳崑編著　200 元
12. 讓孩子最喜歡數學　沈永嘉譯　180 元
13. 催眠記憶術　林碧清譯　180 元
14. 催眠速讀術　林碧清譯　180 元
15. 數學式思考學習法　劉淑錦譯　200 元
16. 考試憑要領　劉孝暉著　180 元
17. 事半功倍讀書法　王毅希著　200 元
18. 超金榜題名術　陳蒼杰譯　200 元
19. 靈活記憶術　林耀慶編著　180 元
20. 數學增強要領　江修楨編著　180 元

・實用心理學講座・大展編號 21

1. 拆穿欺騙伎倆	多湖輝著	140 元
2. 創造好構想	多湖輝著	140 元
3. 面對面心理術	多湖輝著	160 元
4. 偽裝心理術	多湖輝著	140 元
5. 透視人性弱點	多湖輝著	180 元
6. 自我表現術	多湖輝著	180 元
7. 不可思議的人性心理	多湖輝著	180 元
8. 催眠術入門	多湖輝著	150 元
9. 責罵部屬的藝術	多湖輝著	150 元
10. 精神力	多湖輝著	150 元
11. 厚黑說服術	多湖輝著	150 元
12. 集中力	多湖輝著	150 元
13. 構想力	多湖輝著	150 元
14. 深層心理術	多湖輝著	160 元
15. 深層語言術	多湖輝著	160 元
16. 深層說服術	多湖輝著	180 元
17. 掌握潛在心理	多湖輝著	160 元
18. 洞悉心理陷阱	多湖輝著	180 元
19. 解讀金錢心理	多湖輝著	180 元
20. 拆穿語言圈套	多湖輝著	180 元
21. 語言的內心玄機	多湖輝著	180 元
22. 積極力	多湖輝著	180 元

・超現實心靈講座・大展編號 22

1. 超意識覺醒法	詹蔚芬編譯	130 元
2. 護摩秘法與人生	劉名揚編譯	130 元
3. 秘法！超級仙術入門	陸明譯	150 元
4. 給地球人的訊息	柯素娥編著	150 元
5. 密教的神通力	劉名揚編著	130 元
6. 神秘奇妙的世界	平川陽一著	200 元
7. 地球文明的超革命	吳秋嬌譯	200 元
8. 力量石的秘密	吳秋嬌譯	180 元
9. 超能力的靈異世界	馬小莉譯	200 元
10. 逃離地球毀滅的命運	吳秋嬌譯	200 元
11. 宇宙與地球終結之謎	南山宏著	200 元
12. 驚世奇功揭秘	傅起鳳著	200 元
13. 啟發身心潛力心象訓練法	栗田昌裕著	180 元
14. 仙道術遁甲法	高藤聰一郎著	220 元
15. 神通力的秘密	中岡俊哉著	180 元
16. 仙人成仙術	高藤聰一郎著	200 元

17. 仙道符咒氣功法	高藤聰一郎著	220 元
18. 仙道風水術尋龍法	高藤聰一郎著	200 元
19. 仙道奇蹟超幻像	高藤聰一郎著	200 元
20. 仙道鍊金術房中法	高藤聰一郎著	200 元
21. 奇蹟超醫療治癒難病	深野一幸著	220 元
22. 揭開月球的神秘力量	超科學研究會	180 元
23. 西藏密教奧義	高藤聰一郎著	250 元
24. 改變你的夢術入門	高藤聰一郎著	250 元
25. 21 世紀拯救地球超技術	深野一幸著	250 元

・養生保健・大展編號 23

1. 醫療養生氣功	黃孝寬著	250 元
2. 中國氣功圖譜	余功保著	250 元
3. 少林醫療氣功精粹	井玉蘭著	250 元
4. 龍形實用氣功	吳大才等著	220 元
5. 魚戲增視強身氣功	宮　嬰著	220 元
6. 嚴新氣功	前新培金著	250 元
7. 道家玄牝氣功	張　章著	200 元
8. 仙家秘傳袪病功	李遠國著	160 元
9. 少林十大健身功	秦慶豐著	180 元
10. 中國自控氣功	張明武著	250 元
11. 醫療防癌氣功	黃孝寬著	250 元
12. 醫療強身氣功	黃孝寬著	250 元
13. 醫療點穴氣功	黃孝寬著	250 元
14. 中國八卦如意功	趙維漢著	180 元
15. 正宗馬禮堂養氣功	馬禮堂著	420 元
16. 秘傳道家筋經內丹功	王慶餘著	300 元
17. 三元開慧功	辛桂林著	250 元
18. 防癌治癌新氣功	郭　林著	180 元
19. 禪定與佛家氣功修煉	劉天君著	200 元
20. 顛倒之術	梅自強著	360 元
21. 簡明氣功辭典	吳家駿編	360 元
22. 八卦三合功	張全亮著	230 元
23. 朱砂掌健身養生功	楊永著	250 元
24. 抗老功	陳九鶴著	230 元
25. 意氣按穴排濁自療法	黃啟運編著	250 元
26. 陳式太極拳養生功	陳正雷著	200 元
27. 健身祛病小功法	王培生著	200 元
28. 張式太極混元功	張春銘著	250 元
29. 中國璇密功	羅琴編著	250 元
30. 中國少林禪密功	齊飛龍著	200 元
31. 郭林新氣功	郭林新氣功研究所	400 元
32. 太極八卦之源與健身養生	鄭志鴻等著	280 元

・社會人智囊・大展編號 24

1.	糾紛談判術	清水增三著	160 元
2.	創造關鍵術	淺野八郎著	150 元
3.	觀人術	淺野八郎著	200 元
4.	應急詭辯術	廖英迪編著	160 元
5.	天才家學習術	木原武一著	160 元
6.	貓型狗式鑑人術	淺野八郎著	180 元
7.	逆轉運掌握術	淺野八郎著	180 元
8.	人際圓融術	澀谷昌三著	160 元
9.	解讀人心術	淺野八郎著	180 元
10.	與上司水乳交融術	秋元隆司著	180 元
11.	男女心態定律	小田晉著	180 元
12.	幽默說話術	林振輝編著	200 元
13.	人能信賴幾分	淺野八郎著	180 元
14.	我一定能成功	李玉瓊譯	180 元
15.	獻給青年的嘉言	陳蒼杰譯	180 元
16.	知人、知面、知其心	林振輝編著	180 元
17.	塑造堅強的個性	坂上肇著	180 元
18.	為自己而活	佐藤綾子著	180 元
19.	未來十年與愉快生活有約	船井幸雄著	180 元
20.	超級銷售話術	杜秀卿譯	180 元
21.	感性培育術	黃靜香編著	180 元
22.	公司新鮮人的禮儀規範	蔡媛惠譯	180 元
23.	傑出職員鍛鍊術	佐佐木正著	180 元
24.	面談獲勝戰略	李芳黛譯	180 元
25.	金玉良言撼人心	森純大著	180 元
26.	男女幽默趣典	劉華亭編著	180 元
27.	機智說話術	劉華亭編著	180 元
28.	心理諮商室	柯素娥譯	180 元
29.	如何在公司崢嶸頭角	佐佐木正著	180 元
30.	機智應對術	李玉瓊編著	200 元
31.	克服低潮良方	坂野雄二著	180 元
32.	智慧型說話技巧	沈永嘉編著	180 元
33.	記憶力、集中力增進術	廖松濤編著	180 元
34.	女職員培育術	林慶旺編著	180 元
35.	自我介紹與社交禮儀	柯素娥編著	180 元
36.	積極生活創幸福	田中真澄著	180 元
37.	妙點子超構想	多湖輝著	180 元
38.	說 NO 的技巧	廖玉山編著	180 元
39.	一流說服力	李玉瓊編著	180 元
40.	般若心經成功哲學	陳鴻蘭編著	180 元
41.	訪問推銷術	黃靜香編著	180 元

國家圖書館出版品預行編目資料

餐桌禮儀入門/風間璋子監著；吳秋嬌譯
——初版，——臺北市，大展，民86
面；　　公分，——（家庭/生活；91）
譯自：初めてのテーブルマナー
ISBN 957-557-757-4（平裝）
1. 社交禮儀　2. 飲食（風俗）
192.3　　86010579

AHJIMETE NO TABLE MANNER

Supervisor AKIKO KAZAMA
Originally published in Japan in 1994 by SHUFU－TO－SEIKATSUSHA LTD.
Chinese translation rights arranged through TOHAN CORPORATION, TOKYO and KEIO Cultural Enterprise CO., LTD

版權仲介／京王文化事業有限公司

餐桌禮儀入門　ISBN 957-557-757-4

原著者／風間璋子
編譯者／吳　秋　嬌
發行人／蔡　森　明
出版者／大展出版社有限公司
社　址／台北市北投區（石牌）致遠一路2段12巷1號
電　話／（02）28236031・28236033・28233123
傳　真／（02）28272069
郵政劃撥／01669551
E－mail／dah-jaan@ms9.tisnet.net.tw
登記證／局版臺業字第2171號
承印者／高星印刷品行
裝　訂／日新裝訂所
排版者／千兵企業有限公司
初版1刷／1997年（民86年）8月
初版2刷／2002年（民91年）6月

定價／200元

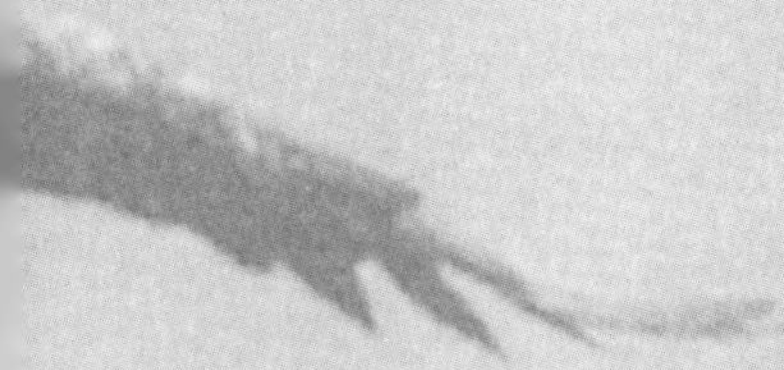

品嘗好書　冠群可期